에머슨의 위대한 연설

Emerson's Greatest Speeches

에머슨의
위대한 연설

RALPH WALDO EMERSON'S
GREATEST
SPEECHES

랄프 왈도 에머슨 지음 | 지소철 옮김　for book

차 례

1. 미국의 학자

: 1837년 8월 31일, 캠브리지 대학(하버드대 전신) 우등생 모임인 '파이 베타
카파 소사이어티(Phi Beta Kappa Society)'에서 행한 강연

차 례

2. 신학부 강연
1838년 7월 15일, 캠브리지 대학교(현 하버드대) 신학부 4학년생들에게 행한 강연

3. 문학의 윤리
1838년 7월 24일, 다트머스 대학교(Dartmouth College) 문학협회 모임에서
행한 연설

4. 자연의 섭리

1841년 8월 11일, 메인 주 워터빌 대학교(Waterville College) 아델피협회
(Society of Adelphi)에서 행한 연설

에머슨은 19세기 초, 미국의 초절주의超絶主義, Transcendentalism 운동을 주도한 사상가이자 문인이다. 인간은 원죄로 인해 타락했기 때문에 죄를 씻고 구원을 얻으려면 신에게 무조건 복종하며 교회의 가르침을 따라야 한다는 것이 전통적 기독교의 원칙이었다. 그러나 에머슨은 이런 교리에 반대하면서 '인간은 위대한 영혼을 가진 존재로서 주체적인 삶을 살아야 하나님의 뜻에 부합한다'고 주장했다. 기존의 교리와 고정관념에서 벗어나 인간과 세상을 바라보는 새로운 시각을 제시한 것이다.

그의 혁명적인 주장은 당대의 교회와 기득권층에 의해 이단적 사상으로 배척되었지만, 점차 많은 지식인들의 관심과 인정을 받으면서 미국의 발전을 정신적으로 뒷받침하는 중요한 사상으로 자리 잡게 되었다. 현대에 들어서는 버락 오바마, 스티브 잡스, 워런 버핏, 마이클 잭슨 등 많은 유명 인사들이 에머슨의 사상과 저서에 대해 경의를 표하면서 에머슨의 사상이 재조명되고 있다. 이는 성공한 인물들에게 그의 사상이 많은 영향을 미쳤다는 사실을 입증하는 것이며, 시간과 공간을 초월해 전 세계 모든 이들에게도 큰 스승이 될 수 있다는 점을 짐작케 한다.

그러나 우리가 에머슨의 글을 이해하기는 쉽지 않다. 몇 가지 이유가 있는데, 첫째 이유는 언어 장벽이다. 그의 언어는 19세기의 영어다. 문장 구조, 문체, 단어의 뜻을 해석하기가 쉽지 않은 것이다. 또한 그의 사고는 다층적이며 총체적이다. 신, 우주, 세상, 인간, 자연, 삶, 관계 등 거의 모든 것에 사고가 유기적으로 투영되어 있기 때문에 시공간, 역사, 자기 자신, 타인, 생명, 인생 등을 종합적으로 이해하고자 하는 열린 태도가 없으면 그의 사상을 이해하기 어렵다.

또한 에머슨의 학식은 폭이 대단히 넓다. 그는 기독교, 이슬람교, 힌두교, 불교, 유교, 조로아스터교 등 인류의 주요 종교에 대해 공부했고, 고대 그리스 사상, 중세의 신학, 근대 철학 등에도 정통했으며, 역사와 문학, 과학 분야에서도 해박한 지식을 갖추고 있었다. 이는 우리가 그의 사상을 신뢰할 수 있는 근거이기도 하다. 단단한 학문적 기반 위에 천재성이 더해져 완성된 사상이라 믿을 수 있는 것이다.

에머슨은 미국 전역에서 수천 번의 강연을 한 것으로도 유명하다. 사람들을 직접 만나 자신의 사상을 열정적으로 설파하고자 했던 것이다. 이 책은 그 수많은 강연들 중에서 가장 유명한 강연 네 개를 모은 것으로, 그의 사상을 집약적으로 비교적 쉽게 보여주기 때문에 에머슨의 사상을 이해하는 출발점으로 삼기에 더할 나위 없다고 생각한다. 이 책의 독자들을 위해 가장 기본적인 개념과 각 연설의 주요 내용을 간략히 소개한다.

에머슨 사상의 시작점은 성경에서 찾을 수 있다. 창세기를 비롯해 여러 책에 '하나님께서 당신의 형상대로 인간을 만드셨다'는 내용이 나온다. 이것이 에머슨에게는 진리이자, 모든 것을 이해하는 전제다. 창조자의 정신이 그의 창조물에 투영되듯이, 조물주 하나님의 영靈이 피조물인 인간과 우주 만물에 담겨 있다는 의미다. 비록 그 실체를 정확히 이해하고 설명할 수는 없지만, 인간과 자연은 하나님의 영을 담고 있는 그릇이기 때문에, 오묘하고 신성하며 위대할 수밖에 없다.

그런데 이 영혼은 흔히 말하는 육체와 대비되는 '혼'과는 다른 것이다. 에머슨은 이를 '오버소울Oversoul'이라고 명명했다. 우리말로는 '대령大靈'이나 '초령超靈'으로 번역되었으며, 첫 번째 강연 '미국의 학자' 편에서는 '영혼의 영혼the soul of the soul'으로 표현되어 있다. 이 오버소울이 인간을 인간답게 만드는 것이고, 자연의 섭리로 작동되는 것이다. 이 영혼의 존재를 믿고, 이 영혼의 시선으로 세상을 바라보고, 이 영혼의 명령대로 삶을 사는 것이 바로 창조주인 하나님의 뜻을 온전히 실행하는 것이다. 이 개념을 가지고 에머슨의 글을 읽으면 이해가 쉬워질 것이다. 요약 형식으로 정리하였으니, 네 개 연설에 어떤 내용이 담겨 있는지 간단히 살펴보자.

1. 미국의 학자

　새로운 이성의 시대에 홀로서기를 한 미국에게 학자와 문학의 새로운 역할이 요구된다. 그러나 미국의 '나태한 지성'은 여전히 '외국이 거두어들인 수확물'에 의존하고 있다. 이제 학자는 자신의 본질과 역할에 대해 깨달아야 한다. 학자는 지성을 대표하는 인간, 사고하는 인간이다. 학자에게 가장 큰 영향을 미치는 것으로 자연, 그리고 과거의 정신을 꼽을 수 있다. 자연의 성격은 학자의 영혼과 닮아 있다. 인간과 자연은 한 뿌리에서 나왔고, 이 뿌리는 '영혼의 영혼'일 것이다. 따라서 자연의 탐구가 학문의 시작이다. 학자뿐만 아니라 모든 인간의 사고가 자연으로부터 시작되며, 진리에 이르기 위해서는 격물치지格物致知의 태도가 필요하다.

　학자에게 영향을 미치는 과거의 정신을 대표하는 것이 책이다. 책에는 과거의 숭고한 정신이 담겨 있지만, 당대의 인식에서 벗어나지 못한다는 한계가 있으며, 자칫 맹목적 수용의 오류에 빠질 위험이 있다. 책은 학자가 '한가한 시간'에 영감을 얻기 위해 필요한 도구일 뿐이다. 영감을 얻고, 자신의 천재성을 자각하고, 모든 정신의 동질성과 영혼의 힘을 믿기 위한 수단인 것이다. 따라서 주체적이고 창의적인 책 읽기가 중요하다.

　자연의 탐구와 책 읽기를 통해 사고가 형성되었다면, 이제 행동해야 한다. 행동하지 않는다면, 학자가 아닐 뿐만 아니라 아직 인간이 아니다. 행동을 해야 경험이 쌓여 창조가 가능하고 표현

능력도 강해진다. 그렇게 해야만 자신의 성품이 바뀌고, 자기 안에 있는 영혼과 친밀해진다. 학자는 행동을 하면 더욱 지혜로워진다. '생각은 행동을 낳고, 행동은 생각을 낳기' 때문이다.

학자의 책무는 자신이 먼저 발견한 진리를 보여줌으로써 '다른 사람들을 격려하고, 성장시키고, 인도하는' 것이다. 책무를 다하기 위해서는 고정관념과 관습에 맞서며 고행의 길을 걸어야 한다. 학자는 '세상의 눈'이고 '세상의 심장'이므로 자기 확신을 가지고 언제 어디서나 진리의 전달자가 되어야 한다. 그러기 위해서 학자에게 가장 중요한 덕목이 자유와 용기다. '잘못된 관념은 무지와 죄에 불을 붙이는 부싯돌'이다. 외부의 학자는 외부의 장애로부터 자유로워야 하고, 용감해야 한다. 자신을 신뢰하며 세속적 욕구를 물리치고, 세상의 핍박과 멸시를 무릅쓰면서 진리를 추구해야 한다.

이제 미국에서 긍정적 변화의 조짐이 보이기 시작한다. 그것은 개인을 중요하게 여기기 시작했다는 점이다. 인간 영혼의 실체에 대해 눈을 뜨고, 인간의 능력을 신뢰할 수 있는 혁명적인 시대가 오고 있는 것이다. 아직 다 찾지 못한 인간의 힘에 대한 신뢰는 미국 학자에게 남겨진 숙제다. 우리의 두 발로 걸어야 하고, 우리의 두 손으로 일해야 하며, 우리의 생각을 말해야 한다. 그러면 신성한 영혼과 인간의 영혼이 하나가 되어 '최초로 인간들의 나라가 존재할' 것이다.

2. 신학부 강연

우리는 위대한 자연의 선물 속에서 그 자연의 일부로 살아간다. 그러면서 만물을 관통하는 보편적 법칙과 무한한 관계에 대해 호기심을 품게 된다. 그 보편적 법칙은 미덕美德의 정서에 의해 발견되는데, 미덕이란 다름 아닌 하나님이 주신 하나님과 닮은 선善과 미美의 성향이고, 미덕의 정서란 그 '특정한 신성神性의 법칙들의 존재에 대해 느끼게 되는 경외심과 기쁨'을 말한다.

미덕의 정서는 시간과 공간을 초월하며, 상황과 조건에도 종속되지 않는다. 그 특성은 이미 인간의 영혼에 각인되어 있는 것이며, 영원불변의 법칙이기 때문이다. 선한 자는 생명을 얻어 천국으로 다가가고, 악한 자는 소멸되며 지옥으로 다가간다. 세상이 지탱되는 것도 바로 그 미덕의 법칙이 작용하기 때문이다. 이 신성한 미덕의 정서는 인간의 가장 큰 행복이며 종교적 정서이기도 하다. 그런데 이 법칙은 누가 가르쳐 주는 것이 아니라, 오로지 자신의 직관에 의해서만 느낄 수 있다. 자기 안에 신성이 있음을 자각하고 인정해야 하나님의 뜻에 따라서 살 수 있는 것이다. 이 근본적인 믿음이 상실되었기 때문에 교회, 국가, 예술, 문학, 삶이 퇴락하는 것이다. 그런 점에서 전통적 기독교가 저지르고 있는 두 가지 오류를 지적할 수 있다.

첫 번째 오류는 예수의 왜곡이다. 예수는 진정한 예언자들 중 한 명이었다. 예수는 하나님이 당신의 형상을 인간 속에 구현하셨음을 깨달았고, 그 깨달음을 사람들에게 알리고자 했다.

"하나님께서는 나를 통해서 행동하시고, 나를 통해서 말씀하신다. 하나님을 보려거든 나를 보아라. 내가 지금 생각하는 대로 너희 역시 생각한다면, 너희 자신을 보아라."

즉 예수는 우리 모두에게 신성이 있음을 인정한 것이다. 그러나 후대의 인간들은 예수를 신격화하는 오류를 범하고 말았다. 그리스의 신들처럼 예수를 반신반인半神半人으로 왜곡한 것이다. 교회는 그 잘못된 믿음 위에 세워졌고, 그 결과 신성은 모독되었고 인간은 낮은 존재로 추락한 것이다.

전통적 기독교의 두 번째 오류는 영성이 없는 성직자가 교단을 장악했다는 점, 그리고 영혼에 대한 설교의 부재不在다. 성직자는 미덕의 법칙, 인간 안에 내재된 신성을 깨달아야 한다. 그래야 '인간이 무한한 영혼이며 … 하나님의 영靈을 영원히 마시고 있음을 인간 스스로 인식할 수 있도록 창조되었다'고 설교할 수 있다. 그런 성직자가 없다. 오로지 다른 사람에게서 배운 대로, 권위와 관습에 복종하며 오류를 되풀이할 뿐이다. 그렇기 때문에 교회는 형식주의에 매몰되어 쇠락하고, 신도들은 '교회에 나가기가 심란해지는' 것이다. 설교자의 가장 중요한 역할은 '삶을 진리로 변환'해서 다른 사람에게 나누어 주는 것이다. 그래야 신도들은 그 설교에서 자기 안에 존재하는 신성을 느끼며 하나님의 뜻에 따라 삶을 살 수 있다.

예수가 믿었던 바, 즉 인간의 위대함을 믿는 신앙이 회복되어야 교회가 바로 설 수 있다. 위대한 성인들, 유명한 목회자를 따를 필요가 없다. 인간의 영혼을 믿고 홀로 나아가야 한다. 모방하는 자가 아니라 창조하는 자가 되어야 한다. '성령의 힘으로 다시 태어난 시인'인 젊은 목회자들은 자신의 삶으로써 신도들의 사고와 도덕의 모범이 되어야 하고, '모든 것을 알고 있는 영靈'이 그들의 마음속으로 들어오도록 인도해야 한다. 기독교가 모두에게 주는 두 가지 혜택인 안식일과 설교를 밑거름으로 삼아, 신성한 법칙을 충실히 따르며 '세상이 영혼의 거울'임을 깨닫게 되길 기원한다.

3. 문학의 윤리

학자는 '하늘과 땅의 총애를' 받는 존재다. 학자는 앞을 보지 못하는 사람들에게 두 눈이 되어 주고, 걸음이 불편한 이들에게는 두 발이 되어 준다. 학자의 성공은 모든 이들에게 기쁨을 주며, 실패는 더 높은 가치를 추구할 수 있는 기회가 된다. 그런 특권을 가지고 있음에도 불구하고, 미국의 학자는 아직 새로운 시대에 걸맞은 역할을 수행하지 못하고 있다. 그 이유는 학자 자신의 책무에 대한 이해가 부족하기 때문이다. '문학의 윤리'를 주제로 학자가 가지고 있는 자원과 과제, 수양에 대해 논해 보고자 한다.

학자는 세상을 만든 영혼의 대리자인 동시에 그 자신이 바로 세계다. 주체적인 시각과 태도를 견지해야 하며, 자신에게 주어진 권능을 다른 무엇에도 빼앗겨서는 안 된다. 예를 들어 역사와 위인의 전기도 자기 확신의 강화를 위해 필요한 것이다. '내 스스로 모든 것을 알아내겠다'고 속삭이는 영혼의 목소리에 귀 기울이며, 기존의 어떤 학문적 성과에도 매몰되지 말고 스스로 탐구해야 한다. 세상은 아직 미완성이며, 그렇기 때문에 자신의 역할이 필요한 것이다. 그것이 역사를 통해 희망을 얻는 이유다.

인간의 영혼에 담긴 보편적 자원이 영웅과 위인을 만든다. 과거가 아니라 현재와 자기 자신을 탐구하면 그 보편적 자원은 능력을 발휘하게 될 것이다. 누구나 자신의 능력과 천재성을 본능적으로 확신한다. 다른 사람에게서 자신의 장래에 대해 비관적인 이야기를 들으면 화가 나는 것은 바로 영혼 안에 그 자원이 있기 때문이다. 유능한 사람은 '선하고 자유롭고, 열정적인 성향을 모두 갖춘 유기체'이며, 영웅은 '보편적 본성의 힘에 지배됨으로써 위대해진다.' 그 보편적 본성, 자신의 감정, 자발적 사고에 충실하라. 그러면 그 모든 자원이 자신을 도울 것이다.

모든 것이 시작 단계다. 문학도 결코 완성된 것이 아니라, 오히려 아무 것도 표현되지 않았다고 생각해야 한다. 누구나 새로운 세상에 새롭게 태어난 존재다. 대자연의 신선함 속에서 우리는 새로운 아침을 느껴야 한다. 그리고 자연과 영혼의 교감을 자신의 언어로 표현해야 한다. 문명의 역사, 종교, 예술, 정치 등 모든 분야가 마찬가지다. 아직 '단단한 기초를 쌓고 정착하지 못했다.' 특히 철학 분야는 자연과 영혼의 법칙에서 심각하게 멀어져 있다. 진리는 소극적인 방식으로는 취할 수 없다. 본성의 시각, 영혼과 천재성의 시각으로 세상을 바라보면서 진리를 찾는 것이 학자의 책무다.

학자는 '고독하고, 근면하며, 겸손하고, 관대해야' 한다. 그것이 학자의 바람직한 삶의 태도다. 학자는 고독 속에서 자기 내면을 바라보고 정신의 자립을 추구해야 한다. 일상에서 벗어나 자연 속에서 홀로 사고하며 진리를 탐구해야 한다. 또한 금욕, 절제, 수행, 침묵, 은둔을 통해서 자신과 세상 만물이 가지고 있는 존재의 비밀을 깨닫고, 숭고한 도덕적 성향을 갖추어야 한다. 자기 과시욕과 가식은 지식에게 가장 치명적이다.

학자는 인생에서 겪는 경험을 소중히 여겨야 한다. 그 경험에 의해 창조가 가능해진다. 나폴레옹은 천재성과 자기 신념과 실행을 바탕으로 위업을 달성했다. 학자 역시 이 세 가지 요소를 갖추고 더 나은 목적에 활용해야 한다. 또한 훌륭한 학자라면 젊은 시절의 수고로움을 마다해서는 안 된다. 소중한 땀의 의미, 신성에 대한 숭배를 통해서 학자는 '수련과 영감'이라는 두 가지 미덕을 얻게 된다. 천재성은 이성과 상식의 조합을 통해서 발휘된다. 너무 세속적이어서도 안 되고, 너무 추상적이거나 비현실적이어서도 안 된다.

또한 학자는 솔직하고 관대해야 한다. 모르는 것을 아는 척해서는 안 된다. 오직 진실을 수호하는 진정한 학자가 되어야 한다. 다른 생각, 다른 의견에 대해 관대해야 한다. '완벽한 합의가 이루어진 사회'에서는 그 어떤 말도, 행동도, 기록도 존재할 수 없다. 그 다름과 다양성 덕분에 우리의 사고는 보다 더 풍성해지는 것이다.

마지막으로, 학자는 세속적 유혹에 흔들려서는 안 된다. 현실적, 물질적 보상에 눈이 멀어 꿈을 유보하는 순간이 바로 학자의 인생에서 위기의 순간이다. 세상의 평가에 휘둘리지 말고 끊임없이 진실을 추구한다면, 진리가 모든 것을 보상해 줄 것이다.

4. 자연의 섭리

세계는 이성과 사상의 시대를 맞았지만, 미국은 물질적 욕구에 매몰되어 있다. 물질적으로는 급속히 발전하고 팽창하지만, 그 과정에서 인간은 쇠락한다. 인간으로서 가져야 할 영적 특권을 발휘하지 않은 결과물은 가치가 없다. 이런 현실에서 학자는 '희망의 전달자'가 되어야 하고, 인간에게 '자기를 극복할 힘'을 주어야 한다. 하나님이 우리에게 주신 은총을 정신의 고양을 위해서 발휘하면서 세상의 틀과 관습, 고정관념을 타파하고 새롭게 출발해야 한다.

지금까지 자연과 인간 안에 있는 완벽성과 보편성을 갖춘 인간은 없었다. 인간의 사고가 수평적이기 때문에 발전이 더딘 것이다. 이제 자연에서 의지해 그 '순수한 법칙'을 찾아야 한다. '자연은 우리 살의 살이고, 우리 뼈의 뼈'다. 인간은 자연에 속해 있으며, 인간의 정신 속에 자연이 담겨 있다. 우리는 자연에 담긴 법칙을 다 이해할 수는 없다. 하나님께서 실행하셨다는 사실만을 알 뿐, 그 누구도 자연의 섭리를 온전히 분석할 수 없다. 그러나 영속성, 균일한 분배성이 자연의 성격이며, 그 안에 어떤 '신비로운 생명의 원리'가 존재한다는 것은 인정해야 한다.

자연은 어느 특정한 것을 목표로 하지 않는다. 인간은 자연의 목적이 아니며, 자연이 인간에 종속된 것도 아니다. 자연은 '모든 목적들의 집합에 맞게 존재하는 것'이다. 또한 자연은 항상 성장한다. 자연은 이제 시작 단계이고, 영원히 최종적인 결과나 목적은 존재하지 않을 것이다. '헤아릴 수 없이 많은 무한한 혜택을 위해 존재하는' 것이고, 위에서 가해지는 하나의 영향력에 의해 통제되며, '엑스터시ecstasy'의 상태에 순응한다. 엑스터시는 '가득 차 있다'는 의미로, 우리가 인간과 자연의 법칙을 온전히 이해하고 하나님에 대한 경외를 느낀다면, 우리 역시 엑스터시 상태에 도달할 수 있다.

우리의 존재, 자연의 섭리 안에는 실체를 규정지을 수 없는 '생명의 원천'이 있고, 그것은 하나님의 은총이 있기에 가능한 것이다. 인간이 자연을 인식하는 사고는 얼마나 위대한가! 어린 아이가 만물을 '무질서에서 질서로 이끄는 모습'에서 우리는 영혼 안에 태생적인 힘, 천재성이 내재해 있음을 짐작한다. 그 천재성이 내재된 이유는 인간이 '나누어져 서로를 갈망하는 자연의 두 부분'을 연결하는 매개자이기 때문이다. 하늘과 땅, 신성과 이성 사이에서 그 둘을 결합하는 것이 인간의 역할이다. 그런 능력과 역할을 하나님으로부터 부여받았기 때문에 인간은 위대한 것이다.

그러나 인간에게는 '중개자로서의 역할을 그만두고 자기의 활동에 안주하려는' 속성이 있다. 하나님께서 영혼을 통해 끊임없이 말씀하시지만, 아무도 귀 담아 듣지 않는다. 우리가 그 목소리에 복종해야 '그 존재와 닮아갈 것이고, 결국 그 존재와 하나가 될 것'이며, 엑스터시 상태에 도달하게 될 것이다.

인간이 자연을 실용의 목적으로만 간주해서도 안 되고, 쾌락의 목적으로 간주해서도 안 된다. 만물이 가지고 있는 속성, 즉 다른 존재를 압도하고자 하는 성격 때문에 자칫 인간이 주체성을 상실할 수도 있기 때문이다. 초자연적인 눈, 독실한 믿음에 의지해 자연을 바라봐야 그 근원을 온전히 이해할 수 있으며, 그래야 인간이 안전해지고 자연을 통제하게 된다. '우주의 힘'에 복종하면서 받아들임과 공감을 통해 자연을 이해해야 한다.

자연의 법칙은 미덕에도 똑같이 적용된다. 우리는 사회적 명분보다 더 큰 목표를 지향해야 한다. 작은 목표와 수단에 집착하면 진리와 미덕은 왜곡된다. '영혼의 상상력은 무한히 크고 영원히 지속되는 목표들을 먹어야 성장한다.' 그렇게 성장해서 선하고 용기 있고 능력이 충만하면 인간은 자연스럽게 온 세상에 영향을 미칠 수 있는 것이다. 또한 사랑을 통해 인간은 다른 사람이 가지고 있는 미덕을 배우게 되며, 더 높은 이상을 추구하게 된다.

역사를 통해서도 우리는 신성과 영혼의 힘을 느낄 수 있다. 하나님의 말씀, 인간의 가치와 역할에 대한 믿음 때문에 역사가 발전해 온 것이다. 우리는 그 믿음을 회복해야 한다. '전능하며 초월적인 영靈'을 숭배해야 한다. 자연으로부터 내재적 신성의 교훈을 얻고, 그 배운 바를 진리로 삼아 삶 속에서 실천할 때, 우리의 성향은 변할 것이고, 새로운 인간으로 다시 태어날 것이다.

이 책을 번역하면서 부끄러울 정도로 많은 시간을 썼다. 서두에서 언급한 에머슨 글의 특수성 때문이기도 하지만, 가장 큰 이유는 번역 초기에 나 자신이 자유롭지 못했기 때문이다. '19세기 초 목사 출신 미국 사상가의 글'이란 선입견 때문에 에머슨이 강조하는 진리를 쉽게 받아들이지 못했던 것이다. 이 책을 읽는 독자들에게도 열린 마음이 필요하다. 시공간을 초월하고, 고정 관념에서 탈피하고, 종교적 신념마저도 잠시 접어 두어야 에머슨의 생각을 온전히 이해할 수 있다. 실제로 에머슨은 종교의 배타성을 경계했다. 신의 영혼을 담고 있는 인간의 생각은 언제 어디에서나 진리를 표현할 수 있다고 생각했기 때문이다. 그 진리의 보편성을 진지하게 성찰한다면, 이 책 곳곳에서 드러나는 보석과도 같은 문학적 표현들, 깊은 사고와 진지한 태도에서 태어난 경구들은 독자 여러분의 삶에 등불이 되어 줄 거라 확신한다.

지소철 씀

1

미국의 학자
The American Scholar

1837년 8월 31일, 캠브리지 대학(하버드대 전신) 우등생 모임인 '파이 베타 카파 소사이어티(Phi Beta Kappa Society)'에서 행한 강연

Ralph Waldo Emerson's Greatest Speeches

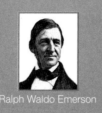

Ralph Waldo Emerson

새 시대를 맞은 미국의 학자

존경하는 회장님, 그리고 회원 여러분.

우리의 새로운 문학의 해가 시작되는 오늘, 여러분에게 축하 인사를 드립니다. 우리의 기념일은 희망의 날이지, 그다지 수고로운 날은 아니라고 생각합니다. 우리는 힘이나 기량을 겨루기 위해 모인 것이 아니며, 고대 그리스인들처럼 역사와 비극, 서정시를 낭송하기 위해 모인 것도 아닙니다. 또한 트루바두르 Troubadours[1] 시인들처럼 사랑과 시를 논하기 위해 모인 것도 아니며, 영국과 유럽 국가들의 수도에 살고 있는 동시대인들처럼 과학의 발전을 꾀하기 위해 모인 것도 아닙니다. 지금까지 우리의 기념일은, 너무도 바쁜 나머지 문학에 더 이상 기여하지 못하는 사람들에게도 아직 문학에 대한 애정이 남아 있음을 보여주는

---

1 11세기 말부터 13세기 말까지 프랑스, 스페인, 이탈리아 등지에서 성주들의 후원을 받아 살면서 주로 사랑을 주제로 서정시를 썼던 음유시인들.

하나의 우호적인 징표였습니다. 또한 그것은 쉽사리 사라지지 않는 본능의 징표로서도 대단히 귀중한 날입니다.

그런데 우리의 기념일이 뭔가 다른 의미가 되어야 할, 그리고 그렇게 될 수밖에 없는 시대가 이미 우리 앞에 와 있는 듯합니다. 북아메리카 대륙의 나태한 지성이 그 무쇠처럼 굳어버린 눈꺼풀을 열어 세상을 바라보고, 기계적 기술의 발휘보다 더 나은 무언가로 지금껏 유보되어 왔던 세계의 기대감을 채울 시대 말입니다. 의존의 시대, 오랫동안 우리가 다른 국가들이 쌓아 온 지식을 도제徒弟처럼 답습한 시대는 이제 막을 내리고 있습니다. 이 땅에 태어나고 있는 수많은 생명들을 언제까지나 외국이 거둬들인 수확물의 말라빠진 찌꺼기를 먹여서 키울 수는 없습니다. 마땅히 노래해야 할, 그들 스스로 노래 불러야 할 사건들과 변화들이 많이 일어나고 있습니다. 천문학자들의 말처럼 우리의 천정天頂에서 불타고 있는 하프 성좌의 별이 어느 날 천년을 빛낼 북극성이 될 수도 있듯이, 시詩가 부활하여 새로운 시대를 이끌게 될 거란 점을 그 누가 의심할 수 있겠습니까?

이런 희망을 품고, 저는 오늘 강연의 주제를 '미국의 학자'로 정했습니다. 유익할 뿐만 아니라 우리 모임의 성격과도 잘 어울리는 주제라 생각됩니다. 해마다 우리는 새로운 미국 학자의 전기를 한 챕터씩 더 읽게 됩니다. 자, 그럼 새로운 시대 새로운 사건들을 통해 우리가 미국 학자의 성격과 그의 희망들에 대해 무엇을 알게 되었는지 살펴봅시다.

인간의 개념과 학자의 본분

아주 오래된 신화 중에 이제껏 우리가 찾지 못한 지혜를 담고 있는 것이 하나 있습니다. 그 이야기에 따르면, 태초에 신들은 인간人間을 여러 사람들로 나누어 스스로에게 보다 더 도움이 되도록 했다고 합니다. 마치 손이 여러 손가락으로 나누어짐으로써 보다 더 손의 목적에 적합해지는 것과 같은 이치지요.

이 이야기는 지금껏 생각지 못한 새롭고도 경이로운 원칙을 담고 있습니다. 하나의 인간이 일부분의 모습으로, 또는 하나의 능력을 통해서 모든 특정한 사람들로 나누어져 있으며, 따라서 하나의 완전한 인간을 찾으려면 사회 전체를 통찰해야 한다는 원칙입니다. 인간은 한 사람의 농부, 교수, 기술자가 아니라, 그 모든 것이라는 의미입니다. 인간은 성직자이자 학자이며, 정치가, 제조업자이자 군인이기도 합니다. 이렇게 분리되어진, 즉 사회적인 상태에서 이 기능들은 개개인에게 분배되어지며, 각 개인은 공동의 일 중에서 각자 맡은 부분을 수행하고자 한다는 것입니다.

그리고 이 신화에는 개인이 온전히 자아를 갖기 위해서는 때때로 자신이 맡은 일에서 눈길을 돌려 다른 모든 노역자들을 포용해야만 한다는 의미가 내포되어 있습니다. 그러나 불행하게도 이 근원적인 단위, 이 힘의 원천은 너무도 많은 다수에게 분배되어졌고, 너무도 잘게 나누어져 광범위하게 퍼져 버렸기 때문에 쏟아져 흩어진 물방울처럼 다시 합칠 수가 없습니다. 사회 안에서 구성원들은 몸통에서 잘려나간 채 으스대며 걸어 다니는 괴물들과 다를 바 없습니다. 하나의 훌륭한 손가락, 훌륭한 목, 훌륭한 배, 훌륭한 팔꿈치일 수는 있지만, 결코 하나의 온전한 인간은 될 수 없는 것이지요.

이렇게 인간은 하나의 사물로, 많은 사물들로 변형되어 있습니다. 농부, 즉 식량을 경작하고 수확하도록 밭에 내보내진 인간은 자신의 직분이 갖는 진정한 존엄성에 좀처럼 기뻐하지 못합니다. 자신의 망태, 자신의 수레만을 볼 뿐, 그 외에는 아무 것도 보지 못합니다. 농장의 인간은 되지 못한 채, 그냥 농부로 주저앉고 마는 것이지요. 자신의 일에 이상적인 가치를 부여하는 상인도 극히 드물지요. 장사 수완을 발휘하는 일상에 매몰된 채, 영혼은 돈의 노예가 되고 맙니다. 성직자는 하나의 의식이 되어 버리고, 변호사는 법령집이, 기계공은 기계가, 선원은 배의 밧줄이 되어 버립니다.

이런 기능의 분배에 있어서, 학자는 지성을 대표하는 인간입니다. 올바른 상태라면, 그는 '사고하는 인간'입니다. 그러나 사회의 희생물이 되어 퇴락한 상태에 빠지면 학자는 단순히 생각하는 사람, 혹은 더 나쁘게는 다른 사람들의 생각을 흉내 내어 말하는 앵무새가 되기 쉽습니다.

학자를 사고하는 인간으로 보는 이 관점에는 그의 직분을 설명하는 이론이 포함되어 있습니다. 자연은 그 모든 고요한 모습,

그 모든 훈계적인 형상들로 학자를 일깨우며, 과거는 학자에게 가르침을 주고, 미래는 그를 초대합니다. 사실 모든 이들이 배우는 학생이지 않습니까? 모든 것이 우리의 배움을 위해 존재하지 않나요? 그리고 결국 진정한 학자만이 진정한 스승이 아닌가요? 그런데 옛 격언에 이런 말이 있습니다.

'모든 것에는 두 개의 손잡이가 달려 있다. 잘못된 손잡이를 잡지 않도록 주의하라.'

삶에서 학자가 인류에게 잘못을 범하고 자신의 특권을 박탈당하는 경우는 너무도 흔하지요. 학교에 있는 학자의 모습을 떠올리며 그가 받는 가장 중요한 영향들에 대해 살펴보도록 합시다.

자연과 학자의 관계

시간적 측면에서, 그리고 정신에 미치는 영향의 중요성 측면에서 가장 먼저 고려할 것은 자연입니다. 매일 해가 뜨고, 해가 지고, 밤이 오고, 별이 뜹니다. 항상 바람이 불고, 풀은 쉼 없이 자라납니다. 매일 남자들과 여자들은 대화를 나누고 서로를 바라봅니다. 세상 모든 사람들 중에 이런 경이로운 장관과 가장 밀접하게 연관되어 있는 이가 바로 학자입니다. 학자는 자연의 가치를 마음에 새겨야 합니다.

학자에게 있어 자연은 무엇일까요? 하나님이 창조하신 이 그

물망과 같은 세계의 불가해한 연속성에는 시작도 없고 끝도 없습니다. 언제나 스스로 돌고 도는 순환의 힘만 있을 뿐입니다. 이 점은 학자 자신의 영혼을 닮아 있습니다. 너무도 전일적全一的이고, 너무도 무한하므로 그 영혼의 시작과 끝을 절대 찾을 수 없습니다. 또한 자연의 광휘光輝는 마치 사방을 비추는 빛처럼, 체계 위에 체계가 겹쳐져 위로도 아래로도 너무 멀리까지 빛나며, 그 중심도 윤곽도 없이 때론 덩어리로, 때론 조각으로 존재하기 때문에 자연의 실체를 이해하려면 많은 시간과 노력이 필요하지요. 그래서 분류가 시작됩니다.

어린 마음에는 사물이 다 제각각이며 홀로 존재하는 것처럼 보입니다. 그러다가 점차 두 개의 사물을 연결하는 법을 알게 되고, 그 사물들 안에 존재하는 하나의 자연을 보게 됩니다. 그러다 세 개를 연결하고, 삼천 개를 연결하고, 그렇게 스스로의 통합 본능에 따라 몰입해서 계속 사물들을 묶고, 변형과 변칙들을 줄여 나가고, 땅 밑으로 뻗어나가는 뿌리를 찾아내게 됩니다. 그리고 그 뿌리에서 멀리 떨어져 있는 전혀 다른 모습의 사물들이 하나로 연결되며, 하나의 가지에서 꽃이 피어납니다.

이제 청년은 역사가 시작된 이래 끊임없이 사실의 축적과 분류가 이루어져 왔다는 사실을 알게 됩니다. 그런데 이 사물들이 무질서하거나 이질적이지 않고, 인간 정신의 법칙과도 일치하는 하나의 법칙을 가지고 있다는 사실을 인식하지 못한다면, 분류가 무슨 소용이 있을까요? 천문학자는 인간이 생각해 낸 추상 개

넘인 기하학이 행성 운행의 척도라는 사실을 발견합니다. 화학자는 물질에서 비율과 더불어 이해 가능한 배열 체계를 찾아냅니다. 과학이란 결국 가장 멀리 떨어져 있는 조각들에서 유사성과 동질성을 찾아내는 것에 불과합니다. 기대에 부풀어 있는 청년은 이제 본격적으로 난해한 각각의 사실들에 대해 연구하기 시작합니다. 이상한 구조들과 새로운 힘들을 하나하나 줄여 나가며 분류하고 법칙을 찾아냅니다. 끊임없이 연구해서 결국 조직의 마지막 성질, 자연의 외곽까지 통찰할 수 있는 단계에 이릅니다.

이렇게 해서 해가 질 무렵, 이 학생은 자신과 자연이 결국 하나의 뿌리에서 나온 것임을 알게 됩니다. 하나는 잎이고 하나는 꽃이라는 사실을, 나무의 맥을 타고 곳곳으로 관계와 공감의 물줄기가 휘돌고 있음을 깨닫게 됩니다. 그런데 이 뿌리라는 게 도대체 무엇일까요? 자기 영혼의 영혼이 아닐까요? 너무 무모한 생각이고, 허황된 상상일지 모릅니다. 그러나 이 영적 빛이 이 땅에 보다 가까운 자연의 법칙을 드러낼 때 영혼을 경외할 줄 알게 되고, 지금 존재하는 자연의 철학이 단지 영혼의 거대한 손을 처음 만져보는 것에 불과하다는 사실을 알게 될 때, 인간은 영원히 확장되는 지식을 기대하며 비로소 창조자가 될 수 있는 것입니다. 자연이 영혼의 반대편에 있는 짝으로서 영혼의 물음에 답해 주고 있음을 깨닫게 됩니다.

자연과 영혼 중 하나가 인장印章이라면, 다른 하나는 그 인장이

찍힌 문양文樣입니다. 자연의 아름다움은 곧 인간 정신의 아름다움입니다. 자연의 법칙들은 인간 정신의 법칙들입니다. 그러면 인간에게 있어 자연은 자신이 이룬 성취를 가늠하는 척도가 됩니다. 자연에 대해 모르는 만큼 자기 정신에 대해서도 그만큼 알지 못한다는 의미입니다. 따라서 '너 자신을 알라!'는 고대의 교훈과 '자연을 공부하라!'는 현대의 교훈은 결국 같은 의미의 격언이 되는 것입니다.

과거의 정신, 책을 대하는 학자의 태도

학자의 영혼에 자연 다음으로 가장 큰 영향을 미치는 것이 '과거의 정신'입니다. 그리고 그 과거 선조들의 정신은 문학, 예술, 제도, 관습 등 모든 형태로 각인되어 있습니다. 과거의 영향을 대표하는 양식이 바로 책이며, 아마도 우리는 책의 가치를 고찰하는 것만으로도 진실을 접하고 그 과거의 모든 영향에 대해 더 쉽게 배울 수 있습니다.

책이 탄생하는 원리는 숭고합니다. 초기의 학자는 자신을 둘러싼 세상을 자기 안으로 받아들였습니다. 그리고 새가 알을 품듯이 그 세상을 마음에 품었고, 자신만의 생각으로 그 세상을 새롭게 배열했으며, 다시 그것을 자신만의 목소리로 표현했습니다. 세상은 그의 안에 생명으로 들어왔고, 진리가 되어 그의 밖으로 나갔습니다. 잠깐의 행위들로 그의 안에 들어왔다가 불멸의 사상이 되어 그의 밖으로 나갔습니다. 일로서 그에게 왔던 것이 그에게서 나올 때는 시詩가 되었습니다. 의미 없는 사실에 불과했던 것이 이제는 번뜩이는 사고가 되었습니다. 이제 그것은 일어나서 나아갈 수 있습니다. 이제는 살아남아서 날갯짓을 하며 숨을 내쉽니다. 얼마나 깊은 생각을 거쳐서 탄생했느냐에 따라 그것이 얼마나 높이 날아오를지, 얼마나 오랫동안 노래할지가 결정됩니다.

또는 삶을 진리로 변화시키는 과정이 얼마나 심도 있게 진행되었느냐에 따라 결과가 달라질 수 있다고도 말할 수 있습니다. 증류의 완벽성에 비례해 산출물의 순도와 불멸성이 그만큼 완벽해질 거란 의미입니다. 그러나 그 어느 것도 아주 완벽할 수는 없습니다. 그 어떤 공기 펌프도 결코 완벽한 진공 상태를 만들 수 없듯이, 그 어떤 문학가도 자신의 책에서 관습적이거나 특정 지역, 특정 시기에 국한된 내용을 전부 배제할 수는 없습니다. 또한 모든 면에서 동시대인들과 다음 세대뿐만 아니라 먼 미래 세대에까지도 유효할 만큼 순수한 사고를 담은 책을 쓸 수는 없습니다. 시대마다 그 시대의 책을 쓸 수밖에 없다는 점, 더 정확하게 말하자면 각 세대는 그 다음 세대를 위해 책을 써야 한다는 점은 이미 밝혀진 바입니다. 따라서 오래된 시기의 책들은 이 시대와는 맞지 않습니다.

바로 그런 이유 때문에 중대한 폐해가 발생합니다. 창조의 행위, 즉 사고의 행위에 따라붙는 신성함이 글로 전이됩니다. 시를 읊조리는 시인은 신성한 사람으로 느껴졌습니다. 그래서 그의 시 역시 신성한 것으로 여겨집니다. 작가는 공정하며 현명한 천재였기 때문에, 그런 생각이 굳어져 그가 쓴 책도 완벽한 것이 됩니다. 영웅에 대한 애정이 그의 동상에 대한 숭배로 변질되는 것과 같은 현상입니다. 바로 그 순간 그 책은 독이 되고, 그 안내자는 폭군이 됩니다. 변화에 둔하고 편견에 사로잡혀 있는 군중의 마음은 갑작스런 이성理性의 등장에 쉽사리 문을 열어 주지 않습니다. 그러나 일단 마음을 열고 이 책을 받아들인 후에는 그것을 굳건히 지키면서, 그것이 폄하될 경우에는 고함을 지르며 항의합니다. 대학도 그런 잘못된 마음 위에 세워진 것이며, 책도 그런 마음을 기반으로 사고하는 인간이 아니라 그저 생각하는 사람들에 의해 써집니다. 즉 스스로의 통찰로 원리를 이해하지 못하고 다수가 수용한 믿음을 바탕으로 글을 쓰기 시작하는 것입니다. 시작부터 잘못된 글재주 있는 사람들이 책을 쓰고 있는 셈입니다.

순종적인 젊은이들이 도서관에서 자라나고 있습니다. 이 젊은이들은 키케로Cicero [1], 로크Locke [2], 베이컨Bacon [3] 이 전해 준 견해들

---

1 마르쿠스 툴리우스 키케로(Marcus Tullius Cicero, BC. 106~43). 로마 시대의 정치가, 문학가.
2 존 로크(John Locke, 1632~1704). 영국 계몽주의의 선구자로, 인간의 의식을 다룬 『인간 오성론(Essay Concerning Human Understanding)』을 집필했다.
3 프랜시스 베이컨(Francis Bacon, 1561~1626). 영국의 정치가, 사상가, 역사학자.

을 그대로 받아들이는 것이 자신들의 의무라고 믿고 있습니다. 키케로, 로크, 베이컨이 이 책들을 쓸 당시에 그들 역시 도서관에 앉아 있는 학생에 불과했다는 사실을 까맣게 잊고 있습니다.

바로 그렇기 때문에 우리에게 사고하는 인간은 없고 책벌레만 있는 것입니다. 바로 그렇기 때문에 그런 책을 가치 있다 여기며, 자연과 인간의 본질을 책과 연관 짓지 못한 채 세상과 영혼으로 일종의 '제3의 자산'을 만들고 있는 책으로만 학식을 쌓은 계층이 존재하는 것입니다. 바로 그렇기 때문에 문헌 복원가들, 교정자들, 온갖 서적 수집광蒐集狂들이 생겨나는 것입니다.

잘 사용하면 책만큼 좋은 것도 없습니다만, 잘못 사용하면 그만큼 나쁜 것도 없습니다. 그렇다면, 책의 올바른 사용이란 무엇일까요? 모든 수단들이 지향하는 하나의 목표는 무엇일까요?

책은 오로지 영감을 얻기 위한 것입니다. 책이 이끄는 대로 휘둘려서 자신의 궤도에서 이탈하고, 하나의 체계가 아닌 위성이 되어 버릴 바에야 차라리 책을 읽지 않는 편이 더 낫습니다. 세상에서 가치 있는 단 한 가지는 '능동적인 영혼'입니다. 누구나 능동적인 영혼을 가질 자격이 있습니다. 또한 비록 대부분의 사람들이 외적 방해로 인해 표출하지는 못하지만, 누구나 이 능동적 영혼을 자기 안에 품고 있습니다.

능동적인 영혼은 절대적 진리를 보며, 진리를 표현하거나 창조합니다. 이 행위 안에서 그 영혼은 천재성이 되며, 그 천재성은 선택받은 자의 가변적인 특권이 아니라, 모든 사람이 가지고 있는 확고한 자산입니다. 본질적으로 그 능동적 영혼은 꾸준히 진보합니다. 그런데도 책, 대학, 예술학교, 각종 교육기관들은 일부 과거의 천재들이 표현한 것에 안주해 멈춰 있습니다. 그들은 말합니다.

"이것 참 좋군. 이걸 따르자고."

그들은 그렇게 우리를 속박합니다. 그들은 뒤를 돌아볼 뿐, 앞을 보지 않습니다. 그러나 천재는 앞을 바라봅니다. 사람의 눈은 뒤통수에 붙어 있지 않고 얼굴에 붙어 있지요. 그래서 사람은 앞으로의 일을 소망하고, 천재는 창조하는 것입니다. 어떤 재능을 가지고 있든지 간에 창조하지 않는다면, 하나님이 허락하신 그 순수한 성정은 그 사람의 것이 아닙니다. 불씨와 연기는 있을지라도 아직 불꽃이 타오르지는 않은 것이지요. 창조적인 태도들이 있습니다. 창조적인 행동들과 창조적인 말들이 있습니다. 즉 태도, 행동, 말은 관습이나 권위를 드러내는 것이 아니라, 마음속에 품고 있는 선善과 미美의 감각에서 자연스럽게 솟아나는 것입니다.

반면에 자신의 마음으로 앞을 보지 않고 다른 사람의 마음에서 나온 진리를 그대로 받아들인다면, 비록 그 진리가 폭포수처럼 쏟아지는 빛 속에 있더라도 혼자만의 시간과 성찰과 자기 극복의 과정이 없기 때문에 결국 치명적인 폐해가 일어날 수밖에 없습니다. 천재성은 과도한 영향력으로 인해 언제든 다른 천재성의 적이 되기에 충분합니다. 모든 국가의 문학이 이를 입증하고 있습니다. 200년이 지난 지금 영국의 시극詩劇 시인들은 셰익스피어 화化 되어 버렸습니다.

분명 올바른 독서 방식이 있으며, 그 방식은 엄격히 지켜져야 합니다. 사고하는 인간은 자신의 도구들에 종속되어서는 안 됩니다. 책은 학자의 한가한 시간을 위한 도구입니다. 학자가 하나님을 직접 읽을 수 있게 될 때, 그 시간은 너무도 귀중하기 때문에 다른 사람들이 읽고서 옮겨 쓴 글에 시간을 낭비할 수는 없습니다.

그러나 반드시 올 수밖에 없는 암흑의 시기가 도래해 태양이 가려지고 별들이 그 빛을 거둬들일 때, 우리는 책의 빛살로 불붙인 램프를 찾아 들고서 그 빛에 의지해 다시 새벽이 있는 동쪽으로 발걸음을 옮기게 됩니다. 우리는 말을 들어야 말을 할 수 있습니다. '무화과나무는 다른 무화과나무를 바라보며 열매를 맺는다.'는 아라비아의 속담처럼 말이지요.

최고의 양서들에서 우리가 얻게 되는 즐거움의 특성은 경이롭습니다. 그 책들을 통해 우리는 하나의 자연이 쓴 글을 똑같은 자연이 읽는다는 확신을 갖게 됩니다. 우리는 초서Chaucer[1], 마벌Marvell[2], 드라이든Dryden[3] 같은 위대한 영국 시인들의 시들을 가

---

1 제프리 초서(Geoffrey Chaucer, 1342~1400). 셰익스피어 이전으로 가장 위대한 영국 작가로 꼽힌다. 불후의 명작인 『캔터베리 이야기(The Canterbury Tales)』를 남겼다.
2 엔드루 마벌(Andrew Marvell, 1621~1678). 영국의 시인, 정치가. 「정원(The Garden)」, 「그의 수줍은 연인에게(To His Coy Mistress)」 등의 시가 유명하다.
3 존 드라이든(John Dryden, 1631~1700). 영국의 시인이자 극작가. 많은 서사시, 풍자시, 희곡 작품들을 남겼기에, 17세기 후반기를 영국 문학사에서 '드라이든의 시대'라 부른다.

장 현대적인 환희를 느끼며 읽습니다. 그 환희는 대부분 그들의 시에서 '시간'을 모두 걷어냄으로써 얻어집니다. 그렇기 때문에 200~300년 전 과거의 세상에 살았던 이 시인이 내 영혼과 아주 가까이에 있는 것을 말할 때, 그리고 내가 그와 비슷하게 생각하고 말해 왔던 것을 말할 때, 우리는 뜻밖의 기쁨과 더불어 경외감마저 느끼게 됩니다. 그러나 '모든 정신의 동질성'이라는 철학적 신념에 대한 증거로서, 우리는 어떤 예정된 조화, 어떤 필연적인 영혼의 선견지명先見之明이 반드시 존재한다고 전제해야 합니다. 또한 곤충들이 미래에는 결코 보지 못할 자기 유충들을 위해 죽기 전에 먹이를 쌓아 두는 것처럼, 미래에 필요한 것들을 책 속에 저장해 놓았다고 가정해야 합니다.

저는 논리에 집착하거나 본능을 과장함으로써 성급하게 책의 가치를 과소평가하지는 않으려 합니다. 우리 모두가 알고 있듯이 인간의 육체가 그 어떤 음식으로도, 심지어 삶은 풀과 구두를 끓인 스프로도 영양을 공급 받을 수 있는 것처럼, 인간의 정신도 어떤 지식에서든 양분을 얻을 수 있습니다. 그리고 인쇄된 책을 통하지 않고는 그 어떤 정보도 거의 얻지 못했음에도, 위대하고 영웅적인 인물들은 존재해 왔습니다. 다만 저는 그 음식을 꾹 참고 먹으려면 강한 두뇌가 필요하다고 말하고자 합니다.

책을 잘 읽으려면 누구든 창의적인 사람이 되어야 합니다. 속담에도 있듯이 '서인도제도의 보물을 집에 가져오려면, 먼저 그 보물을 서인도제도에서 꺼내 나와야만' 합니다. 그래야 창의적인 독서와 창의적인 글쓰기가 가능합니다. 노력과 창의성에 의해 정신이 더 강해질 때, 어떤 책을 읽든 그 내용이 다양한 암시로 빛을 발하게 됩니다. 모든 문장이 두 배로 의미심장해지고, 글쓴이의 의식이 세상만큼 넓어집니다. 그러면 우리는 힘들고 바쁜 나날 속에서 선견자先見者가 앞을 내다보는 시간이 짧고 드물었던 만큼 그의 기록 역시 그가 가지고 있던 지식 중 최소한의 부분임을 깨닫게 됩니다. 그것은 변치 않는 사실입니다. 안목이 있는 자는 플라톤이나 셰익스피어의 글에서 그 최소한의 부분, 그 현자들이 진짜로 표현했던 말들만 읽게 됩니다. 아무리 많이 말했더라도 플라톤과 셰익스피어 자신의 말이 아니라면, 그 나머지 부분은 모두 받아들이지 않습니다.

물론 현명한 사람이라면 꼭 읽어야 할 내용들이 있습니다. 역사와 정밀한 과학은 열심히 읽어서 꼭 배워야 하지요. 마찬가지로 대학도 기본적인 학문을 가르칠 필수적 책무를 가지고 있습니다. 훈련이 아니라 창조를 목표로 삼을 때, 다양한 천재성의 빛을 모두 모아 열려 있는 강의실로 초대해서 집중적인 화염으로 학생들의 가슴에 불을 지필 때, 대학은 비로소 우리에게 온전히 봉사할 수 있습니다. 사고와 지식은 어떤 장치나 명분으로 얻어지는 것이 아닙니다. 신분과 학벌은, 그리고 경제적 기반은 설령 금광이 있는 도시의 부富라 하더라도 절대로 가장 짧은 문장이나 위트 한 마디조차 대신할 수가 없습니다. 이 진리를 기억하지 못한다면, 우리 미국의 대학들은 해마다 더욱 부유해지더라도 공적 중요성 면에서는 점점 퇴보하게 될 것입니다.

행동하는 학자, 창조하는 학자

세상에 떠도는 고정관념이 하나 있습니다. 학자는 은둔자이며 허약한 사람이기 때문에, 도끼로 하는 일을 주머니칼로 할 수 없 듯이 육체노동이나 공공 노역에는 부적합하다는 생각입니다. 소 위 '실용적인 사람들'은 생각이 많은 사람들을 비웃습니다. 생각 을 많이 하고 관망하는 사람들은 아무 일도 못 할 거라고 여기는 듯합니다. 항상, 그리고 다른 어떤 계층보다 더 보편적으로 그 시대의 학자들인 성직자들이 여성들로 호칭되는 것을 저는 들 어 왔습니다. 성직자들은 남성들의 거칠고 즉흥적인 대화는 듣 지 않고, 오로지 감정적이고 부드러운 말만 듣기 때문이라고 합 니다. 성직자들은 사실상 세속적 권리를 가지고 있지 않는 경우 가 많고, 실제로도 성직자들의 금욕을 옹호하는 사람들이 있습 니다. 그러나 학문을 공부하는 사람들도 그래야 한다고 생각하 는 것은 공정하지도 현명하지도 않습니다.

학자는 행동을 중요하게 여기지 않지만, 행동은 필수적인 것 입니다. 행동하지 않는다면, 학자는 아직 인간이 아닙니다. 행동 없이는 결코 생각이 성숙되어 진리로 열매 맺지 못합니다. 눈앞 에서 세상이 아름다운 구름으로 떠 있다 하더라도, 우리는 그 아름다움을 볼 수조차 없습니다. 행동하지 않는 것은 비겁함입니다. 영웅적인 정신이 없다면 결코 학자가 될 수 없습니다. 사고의 시작점, 즉 생각이 무의식에서 의식으로 나아가는 전이 과정이 바로 행동입니다. 저는 인생을 살아온 만큼만 알고 있습니다. 누구의 말이 삶을 담고 있는지, 누구의 말이 그렇지 않은지 우리는 듣자마자 바로 압니다.

영혼, 즉 '또 다른 나'의 그림자인 세상은 널리 펼쳐져 있습니다. 이 세상의 매력이야말로 내 생각의 문을 여는 열쇠이자 내 자신에 대해 알게 해주는 비결입니다. 나는 이 우렁찬 함성 속으로 거침없이 뛰어듭니다. 나는 내 옆에 있는 사람들의 손을 잡고서, 원을 그리고 있는 존재들 속에서 내 자리를 맡아 함께 걷더며 역할을 합니다. 그러면 무언無言의 심연深淵이 소리 내어 말하리라는 것을 본능을 통해 배우게 됩니다. 나는 세상의 질서를 뚫고 들어갑니다. 세상에 대한 두려움을 떨쳐냅니다. 그리고 확장하는 내 삶의 순환 속에서 세상을 활용합니다. 경험을 통해 삶에 대해 아는 만큼, 나는 황무지를 개간해 씨를 뿌려 왔으며, 나의 존재, 나의 영역을 확장해 왔던 것입니다.

불안하다는 이유로, 낮잠을 자기 위해, 자신이 취할 수 있는 행동을 미루는 사람이 어디 있을까요? 행동은 자신의 말과 글을 빛내는 진주이며 루비입니다. 고역, 재난, 분노, 결핍은 웅변과 지혜를 가르치는 스승입니다. 진정한 학자는 행동의 기회를 놓칠 때마다 힘을 상실한 듯이 안타까워합니다.

지적 능력이 그 훌륭한 결과물을 주조해 낼 수 있는 것도 '행동'이라는 원료가 있기 때문입니다. 또한 이 신비로운 과정을 통해 마치 뽕잎이 비단으로 변화되듯이 경험이 사고로 변화됩니다. 그 변화 과정은 항상 발전합니다.

우리가 어린 시절과 청년기에 경험한 행동과 사건들은 이제 더할 나위 없이 평온한 마음으로 관조하는 대상입니다. 그 행동과 사건들은 공중에 걸린 아름다운 그림들처럼 남아 있습니다. 그러나 우리가 최근에 한 행동들, 우리가 지금 실행 중인 일은 그렇지 않지요. 우리는 이런 행동이나 일에 대해 관조할 수만은 없습니다. 아직 우리의 관심과 염려가 그 행동과 일을 관통하며 흐르고 있기 때문입니다. 우리가 그것들에 대해 느끼거나 아는 것은 우리의 발이나 손, 머리에 대해 느끼는 수준을 넘어서지 못합니다. 그 새로운 행위는 아직 삶의 일부분입니다. 우리의 무의식적 삶 속에 잠시 담겨서 남아 있는 것입니다.

언젠가 사색의 시간이 오면 그것은 익은 과일처럼 저절로 삶에서 떨어져 나가 정신의 사고가 됩니다. 그 즉시 그것은 성장하고 변형됩니다. 소멸될 수 있는 것이 불멸의 옷을 입게 되는 것입니다. 그 기원과 배경이 아무리 미천하더라도, 이제부터 그것은 아름다운 것입니다.

또한 이 행동을 앞당기는 것은 불가능하다는 점도 유념해야 합니다. 유충의 단계에서 그것은 날지 못하며, 빛이 나지도 않습니다. 그저 꿈틀거리는 애벌레일 뿐이지요. 그러나 보지 않는 사이에 그 애벌레였던 것이 갑자기 아름다운 날개를 펴고 지혜의 천사가 됩니다. 이처럼 우리 개인사에서 언제든 고정된 비활성 형태를 버리고 우리 몸을 빠져나와 가장 높은 하늘 위로 솟구쳐서 우리를 놀라게 하지 않을 사실과 사건들은 없습니다. 요람과 유아기, 학교와 놀이터, 사내아이들과 개와 체벌에 대한 두려움, 소녀와 딸기에 대한 애착, 그리고 한때 하늘을 가득 채웠던 많은 사실들은 이미 지나가 버렸습니다. 이제는 친구와 친척, 직업과 정당, 도시와 시골, 국가와 세계 역시 높이 솟아올라 노래해야 합니다.

당연히, 적절한 행동들에 자신의 힘을 모두 쏟아 부은 사람은 가장 풍성한 지혜의 보상을 얻게 됩니다. 저는 이 행동의 세계로부터 스스로를 차단하지는 않을 것이며, 참나무를 화분에 이식해 그곳에서 굶주리고 시들게 하지도 않을 것입니다. 또한 어떤 하나의 능력에서 얻어지는 수익만 믿고서 사고의 원천을 고갈시키지는 않을 것입니다. 그것은 사부아_{Savoyard}[1] 사람들처럼 우_愚를 범하는 짓입니다. 이 사람들은 소년 소녀 목동들과 담배 피우는 네덜란드인들의 조각상을 깎아 유럽 전역에 팔아서 생계를 꾸리고 있었는데, 어느 날 재료를 구하러 산에 올라갔다가 이미 자신들이 마지막 한 그루까지 소나무를 다 베어 써버렸음을 뒤늦게 깨달았다고 합니다. 자신이 가지고 있는 글의 원천을 다 써서 고갈시킨 작가들도 많고, 칭찬할 만한 현명한 판단에 따라 그

---

1 프랑스 남동부 알프스 인근 지명.

리스나 팔레스타인을 향해 항해하거나, 사냥꾼을 따라 대초원으로 들어가거나, 알제리 주위를 돌아다니면서 상품성 있는 글감을 보충하는 작가들도 많습니다.

어휘력을 향상시키기 위해서라도 학자는 행동을 갈망하는 게 당연합니다. 삶은 우리의 사전입니다. 시골에서 노동을 경험하는 것, 도시에서 상업과 제조업을 이해하는 것, 많은 남성과 여성들을 만나 허물없이 교제하는 것, 과학과 예술을 공부하는 것과 같은 행동에 투자한 세월은 실질적으로 전부 우리의 인식을 표현하고 상징하는 언어에 통달하는 하나의 목적을 위해서도 가치 있는 시간입니다. 저는 어떤 사람이든 말하는 것만 들어도 그 사람이 쓰는 언어의 수준을 통해 그가 얼마나 열심히 살았는지를 바로 알 수 있습니다. 삶이 우리를 말해 줍니다. 우리가 살아온 삶은 현재의 건축물을 짓기 위해 필요한 타일과 갓돌을 얻는 채석장입니다. 이것이 문법을 배우는 방법입니다. 대학과 책은 농장과 작업장에서 만들어진 언어를 복제해서 사용할 뿐입니다.

그러나 책의 가치에 필적하는, 아니 그보다 더 나은 행동의 궁극적인 가치는 그것이 하나의 '자원'이라는 점입니다. 자연 속에 존재하는 '파동波動'이라는 그 위대한 원리는 날숨과 들숨, 욕구와 만족, 바다의 썰물과 밀물, 낮과 밤, 열기와 냉기의 형태로 표출되지만, 모든 형태의 고체와 액체, 기체 안에 보다 깊숙이 배어 있는 것으로, '양극성兩極性'이라는 이름으로 우리에게 알려져 있습니다. 뉴턴Newton[1]이 '자연스러운 투과와 반사의 조화'라고 표현한 이 원리는 성령의 법칙이기 때문에 곧 자연의 법칙입니다.

이제 정신은 생각하고 행동합니다. 그리고 생각은 행동을 낳고, 행동은 생각을 낳습니다. 화가가 그림 재료를 다 써버렸을 때, 상상이 더 이상 그림으로 표현되지 못할 때, 생각이 더 이상 이해되지 않을 때, 책이 지겨워질 때 그는 언제든 활력을 되찾을 수 있는 그 자원을 가지고 있습니다. 지적 능력보다는 성품이 더 중요합니다. 생각한다는 것은 기능입니다. 살아간다는 것은 기능을 실행하고 감독하는 것입니다. 시냇물이 말라도 그 수원水源은 남아 있습니다. 위대한 영혼은 생각할 만큼 강하며, 살아갈 만큼 강할 겁니다. 그런 영혼이 자신의 진실을 다른 사람들에게 전해 줄 표현 수단이나 매개체를 가지고 있지 않을까요? 그는 언제든 이 근원적인 동력에 의지해 그 진실들을 실행할 것입니다. 이것이 완전한 행동입니다. 생각만 하는 것은 불완전한 행동입니다.

그 영혼이 하는 일들 속에서 장엄한 정당성이 빛나게 합시다. 아름다운 열정이 그의 낮은 지붕을 응원하게 합시다. 그와 함께 살며 행동하는 '명예와는 거리가 먼' 사람들은 많은 사람들 앞에서 의도적으로 보여주는 모습으로 평가되는 것보다 일상의 행위와 궤적에서 학자가 가지고 있는 총제적인 힘을 더 잘 느낄 것입

---

1 아이작 뉴턴(Isaac Newton, 1642~1727). 영국의 과학자. 17세기 과학혁명을 주도한 인물로, 운동의 법칙을 설명한 명저 『자연철학의 수학적 원리(Philosophiae Naturalis Principia Mathematica)』를 남겼다.

니다. 학자는 삶의 어느 한 순간도 놓치지 않는다는 점을 시간이 가르쳐 줄 것입니다.

시간의 소중함을 알면, 학자는 외부의 영향력으로부터 벗어나 자기 본성의 성스러운 싹을 틔우게 됩니다. 세상의 기준에 맞추려다 잃어버리는 것을 활동력에 의해 되찾게 됩니다. 오래된 것을 무너뜨리고 새로운 것을 건설하는 데 기여할 거인은 교육기관들이 자신들의 자산을 모두 투자하는 학생들 중에서 나오는 것이 아닙니다. 그 거인은 가공되지 않고 길들여지지 않은 자연에서, 두려움을 느끼게 하는 드루이드Druids[1] 와 베르세르키르Berserkir[2]들 중에서 나오며, 결국 앨프레드Alfred[3] 와 셰익스피어Shakespeare도 그 중에서 나오게 됩니다.

그래서 모든 시민들에게 노동의 존엄성과 불가피성을 설파하기 시작하는 말을 들을 때마다 저는 기쁨을 느낍니다. 곡괭이와 삽에는 배우지 않은 사람들뿐만 아니라, 배운 사람들에게도 유용한 가치가 아직 있습니다. 또한 노동은 어디에서든 환영받습니다. 우리는 언제든 일을 하도록 권유받습니다. 더 폭넓은 활동을 위해서 세상의 평판과 행동을 규정한 관습에 자기 생각을 제물로 바쳐서는 안 된다는 전제만 지켜지면 됩니다.

---

1 고대 잉글랜드 섬의 켈트족 종교 지도자 계급으로, 제사와 교육, 재판을 담당했다고 전해진다.
2 고대 스칸디나비아 지역의 전사(戰士) 집단.
3 앨프레드 대왕(Alfred the Great, 849~899). 잉글랜드 웨식스 왕국의 왕으로, 데인족의 침입을 막아냈으며, 학문과 교육을 장려하고 선정을 펼쳐 잉글랜드의 발전을 이끌었다. 샤를마뉴 대제 이후 서유럽에서 가장 뛰어난 군주로 간주된다.

학자의 역할과 책무

지금까지는 자연과 책, 행동을 통한 학자의 배움에 대해 이야기했습니다. 이제는 학자의 책무에 대해 이야기해 보겠습니다.

학자의 책무는 사고하는 인간이 되는 것입니다. 학자의 책무는 전부 자기 신뢰 안에서 형성됩니다. 학자의 소임은 겉으로 드러나는 현상들 속에서 진실을 찾아 보여줌으로써 다른 사람들을 격려하고, 성장시키고, 인도하는 것입니다. 학자는 시간이 오래 걸리고 명예와 대가가 따르지 않는 관찰의 임무를 성실히 수행합니다. 플램스티드Flamsteed[1]와 허셜Herschel[2]은 유리 창문이 화려한 천체 관측소에서 별들을 분류하면서 모든 이들의 칭송을 받습니다. 그 관찰의 결과도 훌륭하고 유용하며, 그들에게는 명예도 보장되어 있습니다. 그러나 우리의 학자는 자신만의 관측소에서 아무도 생각해 본 적이 없는 인간 정신의 모호하고도 막연한 별들을 분류하며, 때론 몇 날 몇 달 동안 두어 가지 사실들을 지켜보거나, 항상 이전의 기록을 수정합니다. 그럼에도 결과를 과시하거나 한순간에 명성을 얻는 기대는 포기해야만 합니다.

오랜 준비 기간 동안, 학자는 종종 대중적인 작품들 안에 담긴 무지無知와 고리타분함을 폭로해야만 하며, 더불어 그를 배척하

---

1 존 플램스티드(John Flamsteed, 1646~1719). 영국 최초의 왕립 천문학자. 그리니치 천문대 설립을 주도했으며, 3천여 개의 항성을 관측해 기록했다.
2 윌리엄 허셜(William Herschel, 1738~1822). 영국의 천문학자. 항성 천문학의 기초를 세웠으며, 천왕성을 발견한 것으로 유명하다.

려고 하는 힘 있는 자들의 멸시도 감내해야 합니다. 오랫동안 제대로 말을 하지 못할 것이며, 종종 죽은 자들 때문에 살아 있는 자들을 포기해야 되는 경우도 있을 것입니다. 설상가상으로, 그는 가난과 고독마저도 받아들여야 합니다. 그런 경우가 참 많습니다. 사회의 관습과 교육, 종교를 받아들이면서 오래된 길을 걷는 안락함과 즐거움을 누리는 대신에, 스스로의 길을 개척하는 부담은 물론 자책감, 의기소침, 빈번하게 찾아오는 의구심, 시간 손실까지도 학자는 감내해야 합니다. 그것들은 자기 신뢰와 주체성을 찾는 길 위에 놓인 쐐기풀이자 엉켜 있는 넝쿨이며, 사회, 특히 지식인 사회와 맞설 때 처하게 될 잠재적 반목 상태이기도 합니다.

그럼 이 모든 손실과 멸시에 대한 대가는 무엇일까요? 학자는 인간 본성의 최상위 기능들을 실행하는 것에서 위안을 얻게 됩니다. 자신의 깊은 생각을 바탕으로 스스로 성장하며, 대중적 생각들과 유명한 사상들을 모두 호흡하며 먹고 사는 자가 바로 학자입니다. 학자는 세상의 눈이고, 세상의 심장입니다. 학자는 영웅적인 생각들, 위인들의 전기傳記, 고운 선율의 시가詩歌, 역사의 결론들을 지키며 그것들을 전파함으로써 야만野蠻의 단계로까지 타락하는 천박한 물질적 번성을 배격합니다. 위급한 상황에 처할 때마다, 심각한 시기를 맞을 때마다 인간 정신이 행동의 세계에 대한 해설로서 어떤 금언을 말했든지, 학자는 그것을 받아들이고 전달할 것입니다. 또한 절대이성이 그 신성한 권좌에 앉아서 현재의 스쳐 지나가는 사람들과 사건들에 대해 그 어떤 새로운 판결을 내리든지 간에, 학자는 이를 듣고서 세상에 널리 알릴 것입니다.

이런 역할을 수행하기 때문에 학자가 스스로에 대해 확신을 갖는 것, 그리고 대중의 외침에 결코 흔들리지 않는 것은 당연합니다. 오직 그만이 세상을 압니다. 세상의 그 어떤 순간도 그저 현상에 불과합니다. 어떤 대단한 예의범절, 한 정부에 대한 집착, 어떤 일시적인 거래, 전쟁, 또는 인물도 인류 절반의 아우성에 의해 올라갔다가 다른 절반의 외침에 의해 가라앉습니다. 마치 이 특정한 올림과 내림에 따라 모든 것이 결정되는 듯합니다. 그러나 십중팔구, 그런 문제 자체는 학자가 그런 논쟁을 귀담아 듣다가 잃게 되는 가장 부족한 생각보다도 가치가 없습니다.

딱총은 딱총일 뿐이라는 믿음을 버려서는 안 됩니다. 설령 연로하고 존경 받는 사람들이 그 총소리를 최후의 심판을 알리는 천둥소리라고 단언하더라도 흔들려서는 안 됩니다. 침묵하며, 꾸준하게, 극심한 고독 속에서도 학자는 자신의 생각을 지켜내야 합니다. 홀대와 비난을 참으면서 끊임없이 관조해야 합니다. 자신에게 주어진 시간을 견뎌내야 합니다. 그래서 어느 날 진정으로 위대한 무언가를 보게 되어 스스로 만족할 수 있다면, 참으로 행복할 것입니다.

성공은 한 단계씩 정해진 수순대로 찾아옵니다. 학자는 본능에 따라 형제에게 자신이 생각하는 바를 말하게 됩니다. 그러면 그가 자기 정신의 비밀 속으로 내려가면서, 사실은 모든 인간 정신의 비밀 속으로까지 내려갔음을 알게 되지요. 자기 생각들 속에 들어 있는 모든 법칙들에 통달함으로써 자기와 같은 언어를 쓰는 모든 사람들의 생각들, 그리고 자기의 언어로 번역할 수 있는 언어를 사용하는 모든 사람들의 생각들까지 통달하게 되었음을 깨닫는 것입니다. 시인은 완전한 고독 속에서 즉흥적인 생각들을 떠올리며 기록하지만, 결국은 혼잡한 도시에 사는 사람들까지도 진실이라고 깨닫게 되는 생각들을 기록했음을 인정받습니다.

연설가도 처음에는 자신의 연설을 듣는 사람들에 대해 별로 아는 것이 없다고 진솔하게 고백하는 것이 적절하지 않을까 생각합니다. 그러나 결국 자신이 청중의 부족한 면을 채워 주는 존재이며, 그들을 대신해 그들이 가지고 있는 본성을 충족시켜 주기 때문에 청중이 자신의 말을 경청한다는 사실을 깨닫게 됩니다. 자신의 가장 개인적이고, 가장 비밀스러운 정서와 사고 속으로 더욱 깊이 들어가는 것이야말로 가장 환영받을 수 있는, 가장 대중적이고 보편적인 진리임을 깨닫고서 경이로움을 느끼게 됩니다. 사람들은 이런 진리에서 큰 기쁨을 얻습니다. 그 사람들 중 대부분은 '바로 이것이 나의 음악이고, 이것이 바로 나 자신'이라고까지 느끼게 됩니다.

학자가 갖추어야 할 미덕

자기 신념 안에는 모든 덕목德目이 포함됩니다. 학자는 자유로워야 합니다. 자유롭고 용감해야 합니다. 자유의 정의定意를 '자신의 본성으로부터 생성되지 않은 방해가 전혀 없는 상태'로 규정할 만큼 자유로워야 합니다. 용감해야 합니다. 학자는 자신의 본분에 충실하면 두려움을 느끼지 않습니다. 두려움은 언제나 무지에서 생겨납니다. 위험한 시기에도 학자가 평온함을 느끼는 이유가 어린이나 여성처럼 자신도 보호 받는 부류에 속한다고 추정했기 때문이라면, 그것은 학자에게 수치입니다.

또한 한 마리 타조처럼 꽃이 피어 있는 덤불 속으로 머리를 숨기면서 현미경을 통해 몰래 훔쳐보고, 마치 용기를 잃지 않으려고 휘파람을 부는 꼬마처럼 운율을 바꿔 노래를 흥얼거리면서 정치나 복잡한 문제들로부터 자기 생각을 다른 곳으로 돌림으로써 일시적인 평안을 추구한다면, 그것 역시 학자에게는 수치입니다. 그렇게 회피하기 때문에 위험은 여전히 위험으로 남아 있는 것이고, 두려움은 더욱 심해지는 것입니다.

용기 있게 몸을 돌려 그 상황에 맞서야 합니다. 그것의 눈을 응시하고, 그것의 본성을 탐색하고, 그것의 기원, 즉 결코 먼 과거의 일이 아닌 이 무서운 사자獅子의 태생을 면밀히 살펴야 합니다. 그러면 학자는 그것이 어떤 본질을 가지고 있는지, 얼마나 심각한지를 스스로 완벽하게 이해하게 됩니다. 또한 상대편으로

두 손을 뻗었으므로, 이제부터는 그것에 당당히 맞설 수 있고 극복할 수 있습니다. 세상의 가식假飾을 꿰뚫어볼 수 있는 자가 세상을 가질 수 있습니다. 여러분이 목격하는 고집불통, 맹목적 관습, 지나친 오류는 단지 묵인되었기에, 즉 여러분이 묵인했기에 존재하는 것입니다. 그것이 거짓임을 간파한다면, 여러분은 이미 그것에 치명적인 타격을 입힌 것입니다.

그렇습니다. 우리는 의기소침해져 있습니다. 우리는 믿음을 상실했습니다. 우리 인간이 늦게 창조되어 자연 속으로 보내졌다는 생각, 세상이 오래 전에 완성되었다는 생각은 위험하고 해로운 관념입니다. 세상은 하나님의 손 안에서 가변적이고 유연한 상태였기 때문에, 우리가 부여하는 만큼 하나님의 속성에 따라 세상도 항상 맞춰지게 됩니다. 잘못된 관념은 무지와 죄에 불을 붙이는 부싯돌입니다. 무지와 죄는 우리가 용인하기 때문에 잘못된 관념에 자리를 잡는 것입니다. 그러나 사람이 자기 안에 가지고 있는 하나님을 닮은 자질에 비례해서 그의 앞에 궁창穹蒼이 흐를 것이고, 하나님의 인장印章과 형상을 받게 될 것입니다.

물질을 변화시킬 수 있는 사람이 위대한 것이 아니라, 내 마음의 상태를 변화시킬 수 있는 사람이 진정으로 위대한 것입니다. 현재 가지고 있는 자기 생각의 색깔로 모든 자연과 모든 예술을 물들이는 사람. 유쾌하고 조용하게 결과를 보여주면서 자기가 하는 이 일이 인류가 오랜 세월 동안 따먹기를 갈망해 왔던, 이제 마침내 익어서 여러 국가들을 수확에 초대하고 있는 바로 그 사과라고 다른 사람들을 설득하는 사람, 바로 그런 사람들이 세상의 제왕입니다.

위대한 사람이 위대한 것을 만듭니다. '맥도날드가 어디에 앉아 있든지 간에, 식탁의 상석上席은 따로 있습니다.'[1] 식물학을 가장 매력적인 학문으로 만든 린네Linnaeus[2]는 농부와 약초 파는 여인에게서 지식을 얻습니다. 데이비Davy[3]와 화학, 큐비에르Cuvier[4]와 화석학의 관계 역시 마찬가지입니다. 조용히, 원대한 목표를 가지고 자기 일에 몰두하는 사람이 항상 승리합니다. 대서양의 거대한 파도가 달을 따르듯이, 마음이 진실로 가득 차 있는 사람에게 점점 더 많은 사람들이 모여들기 마련입니다.

자신을 신뢰하면 이성은 깊이를 가늠하기 힘들 만큼 깊어지고, 이해하기 힘들 만큼 심오해집니다. 제 자신의 믿음을 설명한다고 해도 청중의 마음이 바뀌지는 않을 것입니다. 그러나 이미 저는 '인간은 하나'라는 신조를 언급하면서 제가 가지고 있는 희망의 근거를 여러분에게 보여주었습니다.

---

1 월터 스콧 경(Sir Walter Scott)의 1817년 작품 『로브 로이(Rob Roy)』에 나오는 문장 (Wherever MacGregor sits, there is the head of the table)을 변형한 것. 영어 이름 'Macdonald'에는 '왕(king)'의 의미가 담겨 있다. 왕은 어디에나 앉을 수 있지만, 왕의 자리는 왕만이 앉을 수 있다, 즉 위대한 인물은 위대한 일을 하도록 하나님이 자리를 정해 놓았다는 뜻으로 이해할 수 있다.
2 칼 폰 린네(Carl Von Linne, 1707~1778). 스웨덴의 식물학자. 식물, 동물, 광물의 분류 체계를 세운 것으로 유명하다.
3 험프리 데이비(Humphry Davy, 1778~1829). 영국의 화학자. 전기분해법을 고안해 나트륨, 칼륨을 비롯해 여러 원소와 화합물을 발견했다.
4 조르쥬 큐비에르(Georges Cuvier, 1769~1832), 프랑스의 동물학자. 화석을 연구해 고생물학의 기초를 세웠다.

저는 인간이 부당한 대우를 받아 왔으며, 인간이 스스로를 홀대해 왔다고 믿습니다. 인간은 본래 가지고 있던 특권적 지위로 다시 인도해 줄 수 있는 빛을 거의 다 잃어버렸습니다. 인간들은 하찮은 존재가 되어 버렸습니다. 역사 속의 사람들, 현재의 세상을 사는 사람들은 벌레들이고, 미물이 낳은 알들이며, '무리'와 '떼'라는 말로 불립니다. 백년, 천년 동안 인간人間은 한둘뿐입니다. 한두 명만이 인간으로서 정상적인 상태에 근접해 있다는 말입니다. 나머지는 전부 그 한두 명의 영웅이나 시인을 통해 자신의 미숙하고 정제되지 않은 존재를 바라보면서 물러져 버립니다. 그렇습니다. 열등한 상태에 만족하며 그 상태에서 더 이상 성장하지 못하는 것입니다.

자기들 족장의 영광 안에서 기쁨을 찾는 보잘 것 없는 부족 구성원과 부하 장수들은 자기 본성의 요구에 맞춰서 장엄함으로 가득 찬, 연민으로 가득 찬 증언을 꾸며냅니다. 그런 가련하고 부족한 자들은 자신들의 정치적, 사회적 열등성을 조용히 인정하기 위해서 상처받은 자신들의 광범위한 도덕적 관념에 대한 어떤 보상을 찾게 됩니다.

그들은 위대한 사람이 가는 길에서 파리들처럼 비로 쓸려 버리는 것에 만족합니다. 그러면서 모든 이들이 가장 갈구하는 바람, 즉 자신이 더 커지고 영예로워지기를 원하는 공통적 본성이 그 위대한 인물에 의해 공정하게 충족되리라 기대합니다. 그런 열등한 사람들은 위대한 인물의 빛을 쬐며 살아가면서 그 빛이 자기 자신의 일부분이라고 느낍니다. 그들은 억눌린 자아로부터 인간 존엄성을 분리해서 영웅의 어깨 위에 얹어 놓습니다. 그런 다음, 그 영웅의 위대한 심장이 뛰도록, 그 거대한 힘줄들이 싸우고 정복할 수 있도록 자신의 피 한 방울을 더하며 사멸할 것입니다. 그 영웅은 우리를 대신해서 살며, 우리는 그 영웅 안에서 사는 것입니다.

그런 사람들은 아주 자연스럽게 돈이나 권력을 추구합니다. 권력을 추구하는 것은 권력이 돈만큼 좋기 때문이지요. 소위 '관직의 이권利權'을 누리고 싶은 것입니다. 당연하겠지요? 가장 높은 세속적 지위를 열망하기 때문에, 그들은 잠에 취해 걸어 다니면서 이것이 최고라고 꿈을 꾸는 겁니다. 그들을 깨워야 합니다. 그러면 그들은 가짜 선善에서 벗어나 진리를 향해 도약할 것이며, 관직은 사무원들과 서기들에게 맡길 것입니다.

이 혁명은 '문화'라는 개념의 점진적인 교화教化가 있어야 일어날 수 있습니다. 세상의 훌륭하고 중대한 사업은 한 사람이 쌓아 올리는 것입니다. 그리고 그 역사役事를 가능케 하는 재료들은 이 땅 위에 흩어져 있습니다. 한 사람의 개인적인 삶은 역사상 그어떤 왕국보다도 더 찬란한, 적에게는 더 무섭고 강하게, 친구에게는 더 친절하고 온화하게 대하는 왕국이 될 수 있습니다.

올바르게 바라본다면, 한 인간 안에는 모든 인간들의 특정한 본성들이 포함되어 있음을 알 수 있습니다. 각각의 철학자, 시인, 배우들은 언젠가 내가 스스로 할 수 있는 것을 미리 나를 대신해서 해 준 대리인일 뿐입니다. 한때 우리가 눈동자보다 더 소중하게 여겼던 책들은 이제 거의 다 소진되었습니다. 보편적인 정신이 한 작가의 시각을 통해서 취한 견해를 우리도 찾아냈으며, 우리도 그 사람이 되어 보았고, 이미 뛰어넘었다는 의미입니다. 처음에 하나, 그 다음에 또 하나, 이런 식으로 우리는 모든 통안에 들어 있는 저장물을 소비합니다. 그리고 이 저장물을 모두 소비하면서 점차 성장하며 더 좋은, 더 많은 식량을 갈망합니다.

이 땅에 살았던 사람들 중에 우리를 영원히 먹여 살릴 수 있는 이는 이제껏 없었습니다. 인간의 정신을 어느 한 사람 안에 가두어 둘 수는 없습니다. 누구든 경계가 없고, 경계 지을 수도 없는 이 제국의 어느 한쪽에 장벽을 세울 것이기 때문입니다.

인간의 정신은 하나의 중심 불입니다. 지금 에트나Etna 화산의 입술에서 불타오르며 시실리의 여러 곳들을 밝게 비추는 불이고, 지금 베수비오Vesuvius 화산의 목구멍에서 뿜어져 나와 나폴리의 탑들과 포도원들을 비추는 불입니다. 그것은 천 개의 별들에서 뻗어 나오는 하나의 빛입니다. 그것은 모든 인간을 살아 움직이게 하는 하나의 영혼입니다.

미국 학자에게 주어진 시대적 사명

학자의 본질에 대해 제가 지루하게 많은 이야기를 한 것 같습니다. 이제 더 끌지 않고 제가 꼭 해야 할 이야기, 이 시대와 이 나라와 더 밀접한 관련이 있는 이야기를 더 해볼까 합니다.

역사적으로, 연속적인 여러 시대를 지배한 사상들에 차이점이 있다는 생각이 존재합니다. 또한 고전주의, 낭만주의, 그리고 현재의 사색의 시대, 혹은 철학의 시대 각각의 천재성을 특징짓는 근거들이 있습니다. 개개인 모두를 관통하는 정신의 일체, 정신의 동일성에 관한 견해를 이미 밝혔기 때문에, 저는 이 차이점들에 대해서는 큰 의미를 두지 않습니다. 사실, 저는 개개인이 세 단계를 모두 밟는다고 믿습니다. 소년은 그리스적이고, 젊은이는 낭만적이며, 성인은 사색적입니다. 하지만 시대를 이끄는 사상 속에 담긴 혁명은 뚜렷한 자취를 남긴다는 점을 저는 부인하지 않습니다.

사람들은 우리의 시대가 '내향성內向性의 시대'라고 개탄합니다. 그런데 그것이 꼭 나쁘기만 할까요? 제 생각에, 우리는 트집 잡기를 좋아합니다. 우리는 생각을 바꾸는 것을 수치스럽게 여깁니다. 우리는 무엇이든 알고자 갈망하는 과정에서 기쁨을 얻을 수도 있는데도, 그 과정을 온전히 즐기지 못합니다. 우리는 눈目으로 둘러싸여 있습니다. 우리는 우리의 발로 세상을 봅니다. 우리 시대는 '생각의 창백한 기색으로 허약해져 버린' 햄릿의 비애에 감염되어 있습니다.

그렇다면, 본다는 것이 나쁜 건가요? 보이는 것을 결코 불행하게 여겨서는 안 됩니다. 우리 눈이 멀어야겠습니까? 우리가 자연과 하나님을 더 잘 보게 되면 진리가 고갈되지 않을까 하고 두려워하는 건 아닐까요?

저는 지식인 계층의 불만을 단순한 사실의 발표 정도로 여깁니다. 그들은 자신들이 선조들의 정신 상태에 속해 있지 않다는 사실을 깨달으면서도 미래의 정신 상태는 경험해 보지 않은 것이라며 안타까워합니다. 마치 수영을 배우기 전에 물을 무서워하는 어린 아이와 같습니다. 누구든지 자기가 태어나기를 원하는 시기가 따로 있다면, 그것은 혁명의 시대가 아닐까요? 신구 新舊가 동등하게 공존하면서 서로 비교되는 것을 인정하는 시대, 두려움과 희망에 의해 모든 인간의 정신적, 육체적 에너지들이 찾아지는 시대, 선조들의 역사적인 영광들이 새로운 시대의 풍부한 가능성들에 의해 보상을 받을 수 있는 시대 말입니다. 모든 시대가 다 그렇듯이 우리가 제대로 활용할 줄만 안다면, 지금의 시대도 대단히 좋은 시대입니다. 저는 앞으로 다가올 날들의 상서로운 징후들을 느껴서 무척 기쁩니다. 그 행복한 미래의 조짐들은 이미 시와 예술, 철학과 과학, 교회와 국가로 스며들며 깜빡이고 있습니다.

이런 징후들 중 하나는, 가장 낮은 계층으로 불렸던 사람들의 격상에 영향을 미친 변화가 문학에서도 매우 특징적이며 포용적인 시각으로 다루어졌다는 사실입니다. 고귀하고 아름다운 존재 대신 가까이에 있는, 낮은 곳에 있는 평범한 존재가 탐구되고 시로 표현되었습니다. 먼 나라들로 긴 여행을 떠나기 위해 스스로 무장하고 식량을 마련하고 있던 사람들에 의해서 무심히 짓밟혀 왔던 것이 외국의 그 어떤 부분들보다 더 귀중하다는 사실을 갑자기 깨닫게 된 것입니다. 가난한 자들의 문학, 어린 아이들의 감정, 거리의 철학, 가정생활의 의미 등이 이 시대의 화두입니다. 정말 장족의 발전입니다. 맨 끝에 있는 것들이 활성화되면, 손과 발에까지 따뜻한 생명의 피가 흘러들면, 그것이야말로 새로운 활력의 징조이지요. 그렇지 않습니까?

저는 이탈리아나 아라비아에서 행해지는 것처럼, 또는 그리스 미술이나 프로방스 음유시인들의 노래처럼 뭔가 대단하거나 멀리 떨어져 있거나 낭만적인 것을 찾는 게 아닙니다. 저는 평범한 것들을 포용하며, 친숙하고 낮은 곳에 있는 것들을 탐구하고, 그것들로부터 배움을 얻고자 할 뿐입니다. 저에게 현재를 꿰뚫어 볼 수 있는 통찰력을 주신다면, 여러분은 과거와 미래의 세상들을 다 가져도 좋습니다.

과연 우리가 진정으로 의미를 알고 있는 것들은 무엇일까요?

작은 통에 담긴 끼니, 냄비에 담긴 우유, 거리의 사랑노래, 배에서 전해지는 새로운 소식, 시선의 움직임, 몸의 형태와 걸음걸이 같은 것들의 궁극적인 이유를 제게 알려 주세요. 이 자연의 외곽, 자연의 맨 끝에서 항상 그렇듯이 모습을 드러내지 않고 숨어 있는 최고 영적 동인動因의 숭고한 존재를 제게 증명해 주세요. 만고불변의 법칙 위에 순간적으로 위치를 정해 주는 극성極性을 띠며 바스락거리고 있는 하찮은 것들을 하나하나 제가 볼 수 있게 해 주세요. 상점과 쟁기와 회계장부에도 빛이 물결치게 만들고, 시인들이 노래하게 만드는 것과 똑같은 동인動因이 적용되어 있음을 증명해 주세요.

그러면 세상은 더 이상 칙칙한 잡동사니를 모아놓은 헛간으로 존재하지 않고, 형태와 질서를 갖게 될 것입니다. 하찮은 것은 없습니다. 불가해한 것도 없습니다. 가장 높은 곳에 있는 첨탑과 가장 낮은 곳에 있는 도랑을 결합하고 힘을 부여하는 하나의 의도만이 있을 뿐입니다. 바로 이런 사상이 골드스미스 Goldsmith[1], 번스Burns[2], 쿠퍼Cowper[3] 보다 최근에는 괴테Goethe[4], 워즈워스Wordsworth[5], 칼라일Carlyle[6]의 천재성에 영감을 불어넣은 것입니다. 그들은 각기 다른 방식으로 이 사상을 따르면서 나름의 성공을 이루었습니다. 그들의 글과 비교하면, 포프Pope[7], 존슨

---

1 올리버 골드스미스(Oliver Goldsmith, 1730~1774). 영국의 문학가. 아일랜드 출신으로, 수필, 시, 소설, 희곡 등 다양한 장르에서 많은 작품을 발표한 인기 작가였다.
2 로버트 번스(Robert Burns, 1759~1796). 스코틀랜드 방언으로 많은 시를 발표하여 스코틀랜드의 민족 시인으로 명성을 얻었다.
3 윌리엄 쿠퍼(William Cowper, 1731~1800). 영국의 시인. 일상의 언어로 민중의 삶을 표현한 시를 발표하여 명성을 얻었다.
4 요한 볼프강 폰 괴테(Johann Wolfgang von Goethe, 1749~1832). 독일의 고전주의 문학을 대표하는 작가로서 불후의 명작 『파우스트(Faust)』를 남겼다. 바이마르 공국의 재상으로도 활약하였다.
5 윌리엄 워즈워스(William Wordsworth, 1770~1850). 영국의 낭만주의 시인. 많은 서정시를 발표했고, 1843년에 계관시인이 되었다.
6 토머스 칼라일(Thomas Carlyle, 1795~1881). 영국의 역사가, 비평가. 프랑스 혁명을 둘러싼 여러 가지 사건들을 자기 나름의 독특한 견해로써 해석한 『프랑스 혁명사(History of the French Revolution)』로 유명하다.
7 알렉산더 포프(Alexander Pope, 1688~1744). 영국의 시인. 「머리카락의 겁탈(The Rape of the Lock)」로 유명하며, 영국 시인들 중 가장 많이 인용되는 작가로 손꼽힌다.

Johnson[1], 기번Gibbon[2]의 문체는 차갑고 현학적으로 보입니다. 그에 비하면 이 글은 따뜻합니다.

사람들은 가까이 있는 것들이 멀리 있는 것들에 못지않게 아름답고 경이롭다는 사실을 알면 놀라워합니다. 가까이 있는 것들이 멀리 있는 것들을 설명합니다. 한 방울의 물이 하나의 작은 대양입니다. 한 사람의 인간이 자연 전체와 연관되어 있습니다. 평범함의 가치를 인식하면 많은 것들을 발견하게 됩니다. 이런 면에서 현대 작가들 중 가장 선구적인 괴테는 고대인들의 천재성을 우리에게 보여주었습니다. 지금껏 그 누구도 하지 못했던 일이지요.

이러한 삶의 철학을 위해 많은 일을 해낸 천재가 한 명 있는데, 그의 문학성은 아직까지도 정당한 평가를 받지 못하고 있습니다. 그 천재는 바로 에마뉘엘 스베덴보리Emanuel Swedenborg[3]입니다. 스베덴보리는 가장 상상력이 풍부한 학자이면서도, 글은 수학자처럼 정확하게 쓰면서 당대의 대중적인 기독교 신앙에 철학적인 윤리관을 접목하고자 노력했습니다. 물론 그런 시도에는 천재성으로도 극복할 수 없는 난관이 따르기 마련입니다. 그럼에도 그는 영혼의 경도(傾倒)와 자연 사이의 연관성을 깨닫고 그

---

1 사무엘 존슨(Samuel Johnson, 1709~1784). 영국의 시인, 수필가, 비평가. 대표 시로는 『런던(London)』이 있으며, 영어사전을 편찬한 것으로도 유명하다.

2 에드워드 기번(Edward Gibbon, 1737~1794). 영국의 역사가. 『로마제국 쇠망사(The History of the Decline and Fall of the Roman Empire)』로 유명하다.

3 에마뉘엘 스베덴보리(Emanuel Swedenborg, 1688~1772). 스웨덴의 신학자, 사상가, 과학자. 영적 체험을 바탕으로 신비주의적 관점에서 기독교와 자연을 설명한 것으로 유명하다.

것을 증명해 보였습니다. 볼 수 있고, 들을 수 있고, 만질 수 있는 세계의 상징적인, 또는 영적인 특성을 간파했던 것입니다. 특히 그늘을 좋아하는 그의 뮤즈는 자연의 낮은 부분들 주위를 맴돌아 날며 그것들을 해석해 주었습니다. 또한 도덕적 죄악을 더럽고 추한 물질적 형태들로 연결 짓게 하는 기이한 결합성을 보여주었으며, 광기狂氣, 야수성, 더럽고 두려운 것들을 설명하는 이론을 서사적 우화 형식으로 제시했습니다.

우리 시대를 예견하는 또 다른 징후는 앞에서 말한 내용과도 관련이 있는 정치적 변화에서도 찾을 수 있는데, 그것은 바로 개인을 중요하게 여기기 시작했다는 점입니다. 개인을 독립적 존재로 분리하는 경향이 있는 것은 예외 없이 능력과 화합을 균형 있게 배열하는 경향을 가지고 있습니다. 개인을 분리한다는 것은 마음에서 우러나는 존중의 방어벽으로 개인을 둘러쌈으로써 각자가 세상이 자신의 것임을 느끼게 되고, 마치 하나의 독립국가가 다른 독립국가를 대하듯 다른 사람들과 소통하고 교류한다는 의미입니다. 페스탈로치Pestalozzi[1]는 슬픔에 젖어 이런 말을 했습니다.

"나는 하나님이 지으신 광활한 이 땅 안에 다른 사람들을 기꺼이 돕고자 하는, 또는 도울 수 있는 사람은 아무도 없다는 사실을 알게 되었다."

---

1 요한 페스탈로치(Johann Pestalozzi, 1746~1827). 스위스의 교육자. 빈민 아동 교육에 힘썼으며, 체계적인 교육 방법론으로 현대 교육에 큰 영향을 미쳤다.

도움은 오직 가슴에서 나와야 합니다. 학자는 당대의 모든 능력, 과거의 모든 공헌, 미래의 모든 희망으로 자신을 가득 채워야 합니다. 학자는 지식의 대학이 되어야 합니다.

학자가 마음에 새겨야 할 다른 어떤 것보다 더 중요한 하나의 교훈이 있다면, 그것은 '세상은 아무것도 아니며, 인간이 전부라는 것'입니다. 모든 자연의 법칙은 여러분 안에 있는데, 여러분은 한 방울의 수액이 어떻게 나무를 타고 올라가는지 아직 모릅니다. 이성 전체가 여러분 안에서 잠을 자고 있습니다. 여러분은 모든 것을 알아야 하며, 모든 것에 용기 있게 맞서야 합니다.

회장님, 그리고 여러분. 동기, 예언, 준비 상태, 이 모든 면에서 볼 때, 아직 찾지 못한 인간의 힘에 대한 이 신뢰는 미국 학자의 몫입니다. 우리는 유럽의 공손한 뮤즈들의 노래를 너무도 오랫동안 들어 왔습니다. 미국 자유시민의 정신은 이미 소심하고, 모방적이며, 길들여져 있다고 의심 받고 있습니다. 공적, 개인적 탐욕은 우리가 숨 쉬는 공기를 탁하게 만듭니다. 지금 미국의 학자는 체면을 중시하고, 나태하며, 순종적입니다. 그로 인해 이미 나타나고 있는 비극적 결과를 보세요. 낮은 목표를 추구하라고 배운 이 나라의 지성인들은 스스로를 갉아먹고 있습니다. 체면치레와 순종을 위한 일 외에는 하는 일이 없습니다. 전도유망한 젊은이들은 산바람에 가슴이 부풀어 오르고, 하나님의 모든 별들이 비추는 빛을 받은 채 우리의 해안 위에서 삶을 시작하지만, 아래에 놓여 있는 땅은 산바람과 별빛과는 조화를 이루지 못한다는 사실을 알게 됩니다. 그럼에도 그들은 기업 운영의 원칙들이 주입하는 혐오감 때문에 제대로 행동하지 못한 채 노예와 같은 단순 노동자로 변하거나, 혐오감에 희생되거나, 일부는 스스로 목숨을 버리기도 합니다.

그렇다면, 치료법은 무엇일까요?

그들은 아직 깨닫지 못하고 있습니다. 희망에 부풀어 미래의 꿈을 위해 장벽으로 모여들고 있는 수많은 젊은이들은 아직 깨닫지 못하고 있습니다. 그 무엇에도 굴하지 않고 각자가 자신의 본능 위에 뿌리를 내리고서 그곳에 버티고 서 있으면, 어느 순간 거대한 세계가 자신을 찾아올 것이라는 사실을 말입니다. 인내해야 합니다. 선하고 위대한 모든 이들의 그림자를 친구로 삼고, 자신의 무한한 삶의 비전을 위안으로 삼고, 원칙의 연구와 소통, 본능의 강화, 세계의 개선을 자신의 소임으로 삼아 역경을 참아내야 합니다. 독립된 개인이 되지 못하는 것, 개성을 가진 존재로 인정받지 못하는 것, 모두가 각기 맺을 수 있도록 창조되었음에도 자기만의 열매를 맺지 못하는 것, 그러면서 전체 안에서만, 즉 우리가 속한 정당이나 분파의 수백, 수천의 사람들 속에서만 존재를 인정받는 것, 북쪽인지 남쪽인지 지형적 기준에 따라 우리의 견해가 예측되는 것, 이런 것들은 세상에서 가장 수치스러운 불명예가 아닐까요?

형제들이여, 친구들이여. 그런 식으로는 하나님을 기쁘게 할 수 없고, 우리의 기쁨도 없습니다. 우리는 우리 자신의 두 발로 걸어야 합니다. 우리 자신의 두 손으로 일해야 합니다. 우리는 우리 자신의 생각을 말해야 합니다. 문학의 연구는 더 이상 동정과 의심, 관능적 탐닉을 뜻하는 말이 아닐 것입니다. 인간의 두려움과 인간의 사랑은 모두를 감싸는 방어의 장벽이자 기쁨의 화환이 될 것입니다. 최초로 인간들의 나라가 존재할 것입니다. 왜냐하면 각자가 신성한 영혼에 의해 영감을 받고 있으며, 그 신성한 영혼이 모든 인간들에게 영감을 주고 있음을 믿기 때문입니다.

2

신학부 강연
Divinity School Address

1837년 1838년 7월 15일, 캠브리지 대학교(현 하버드대) 신학부 4학년생들에게 행한 강연

Ralph Waldo Emerson's Greatest Speeches

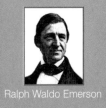

Ralph Waldo Emerson

위대한 자연,
우주의 보편적 법칙

　찬란하게 빛나는 이 여름에 생명의 숨을 들이마시는 것은 즐거운 호사가 아닐 수 없습니다. 풀은 자라나고, 꽃망울은 터지고, 초원은 꽃들이 뿜어내는 불꽃과 황금색으로 수를 놓은 듯합니다. 하늘에는 새들이 가득하고, 소나무와 길리아드 발삼나무, 갓 말린 건초의 숨으로 대기는 향기롭습니다. 상쾌한 그늘을 드리우는 저녁은 전혀 울적한 감정을 자아내지 않습니다. 밤하늘의 별들은 투명한 어둠을 뚫고 영혼의 빛에 가까운 빛줄기를 쏟아 붓고 있습니다. 그 별빛 아래서 인간은 어린 아이와 같고, 그의 거대한 지구는 하나의 장난감 같습니다. 선선한 밤은 마치 강물처럼 세상을 목욕시키며 세상의 눈이 다시 진홍빛 여명을 맞을 수 있도록 준비시킵니다. 자연의 신비로움이 이보다 더 행복하게 펼쳐졌던 적이 없습니다. 옥수수와 포도즙은 모든 생물들이 충분히 취할 수 있게 골고루 나누어졌으며, 그 오래된 너그러움과 동행하는, 한 번도 깨진 적 없는 침묵은 아직까지 한 마디 설명도 해주지 않았습니다.

누구든 이 세상의 완벽함을 존경하지 않을 수 없으며, 그 완벽함 안에서 우리의 감각들이 서로 이야기를 나눕니다. 인간의 모든 자질들에서부터 모든 능력에 이르기까지, 이 세계가 보내주는 초대장은 얼마나 다채로운지요! 얼마나 풍성한지요! 이 세계의 비옥한 땅, 항해하는 바다, 광석과 돌을 품은 산, 나무가 울창한 숲, 동물들, 화학 성분들, 빛, 열, 인력, 생명의 힘과 진로 등 그 모든 것 안에서 세계를 개척하고 누리기 위해 위대한 인간들이 바친 척수와 심장은 결코 헛되지 않습니다. 역사는 기꺼이 농부들, 기술자들, 발명가들, 천문학자들, 도시의 건축가들, 배의 선장들에게 경의를 표합니다.

그러나 정신이 열려서 우주를 관통하며 만물을 현재의 형상으로 존재하게 만드는 법칙들을 발견하자마자, 그 거대한 세상은 순식간에 압축되어 이 정신이 쓰고 그리는 우화와 삽화 속으로 들어갑니다. 새롭게 불붙은 호기심으로 인간의 정신은 '나는 무엇인가? 무엇이 존재하는가?'라고 묻지만, 그 호기심의 불은 결코 꺼지지 않습니다. 따라잡지 못할 만큼 빨리 달리고 있는 이 법칙들을 보세요. 우리의 불완전한 이해의 눈으로는 그 법칙들이 이쪽으로 저쪽으로 움직이는 것만 볼 수 있을 뿐, 완전한 순환 궤적은 볼 수 없습니다. 이 무한한 관계들을 보세요. 너무나

비슷해 보이기도, 너무나 다르게 보이기도 합니다. 많은 듯 보이다가 하나로 보이기도 합니다. 그 법칙과 관계들을, 저는 공부할 것입니다. 저는 알게 될 것입니다. 그리고 저는 영원히 찬양할 것입니다. 이런 사고의 행위들은 시대를 초월해서 언제나 인간 정신의 즐거운 오락이었습니다.

미덕의 정서, 그리고 예언자 예수 그리스도

미덕美德의 정서에 대해 마음과 정신이 열려 있는 사람에게는 보다 비밀스럽고, 사랑스럽고, 압도적인 미美가 모습을 드러냅니다. 그러면 그 사람은 자기 위에 존재하는 것에 대해 깨닫게 됩니다. 그는 자신의 존재가 무한하며, 지금은 비록 악하고 미약한 상태로 낮아져 있지만 원래는 선하고 완벽한 존재로 태어났음을 인식하게 됩니다. 그가 경외하는 것은 여전히 그의 것입니다. 단지 아직까지 그 사실을 깨닫지 못했을 뿐입니다. 그러므로 깨달아야 합니다.

그는 그 숭고한 단어의 의미를 알고 있습니다. 그의 분석으로는 그것의 실체를 완전히 설명하지 못할 뿐입니다. 순수한 상태에서, 또는 지적 인식에 의해서 그가 "저는 옳은 것을 사랑합니다. 진리는 어디에서나 영원히 아름답습니다. 미덕이여, 저는 당신의 것입니다. 저를 구하옵고, 저를 써 주십시오. 낮이나 밤이나 저는 당신을 섬기겠습니다. 제가 고결하지는 못더라도 쓸모 있는 존재는 될 수 있습니다."라고 말하게 된다면, 창조의 목적이 화답을 받게 되고, 하나님께서도 무척 기뻐하실 것입니다.

'미덕의 정서'란 특정한 신성神性의 법칙들의 존재에 대해 느끼게 되는 경외심과 기쁨을 의미합니다. 우리는 미덕의 정서를 통해 우리가 하고 있는 이 평범한 삶의 게임이 사소한 작은 일들로 덮여 있지만, 그 저변에는 깜짝 놀랄만한 원칙들이 감추어져 있다는 사실을 인식하게 됩니다. 아이는 장난감을 가지고 놀면서 빛, 운동, 중력, 근육의 힘 등의 작용에 대해 배우게 되지요. 이와 마찬가지로 인간의 삶이라는 게임 안에서는 사랑, 두려움, 정의, 욕망, 인간, 하나님이 상호 작용을 하고 있습니다. 이 법칙들을 완벽하게 설명하는 것은 불가능합니다. 종이에 다 쓸 수도 없고, 말로 다 표현할 수도 없습니다. 계속 곰곰이 생각해 봐도 우리는 이 법칙들을 다 이해할 수 없습니다. 그러나 우리는 서로의 얼굴에서, 서로의 행동에서, 우리 자신의 양심에서 빈번하게 이 법칙들을 읽고 있습니다.

모든 선한 행동과 생각 속에 응축되어 있는 도덕적 특성들을 말로 표현하려면, 우리는 그 특성들을 많은 세부 사항들로 일일이 쪼개서 열거하고 묘사하고 표현하는 수고를 감수해야 합니다. 그럼에도, 이 미덕의 정서야말로 모든 종교의 정수精髓이기 때문에, 저는 이 요소가 명확하게 드러나는 사실들을 분류해 그 중 일부를 열거함으로써 이 정서의 구체적인 상像들로 여러분의 시선을 인도하고자 합니다.

도덕적 정서에 대한 직관은 영혼의 법칙들이 완벽하다는 점을 통찰하는 것입니다. 이 영혼의 법칙들은 스스로 실행됩니다. 이 법칙들은 시간을 초월하고, 공간을 초월하며, 상황이나 조건에도 종속되지 않습니다. 예를 들면, 인간의 영혼 속에는 정의正義가 있는데, 그 정의가 내리는 징벌과 보상은 즉각적이고도 완전합니다. 선한 행위를 하는 사람은 즉시 고귀해집니다. 비열한 행위를 하는 사람은 그 행위 자체로 인해 작아집니다. 불결한 옷을 벗는 사람은 순결한 옷을 입게 됩니다.

진실로 정의롭다면, 그 사람은 그만큼 그 자신이 하나님이 되는 것입니다. 정의로움으로 인해 하나님의 안전함, 하나님의 불멸성, 하나님의 위엄이 정말로 그 사람 안으로 들어가기 때문입니다. 가식적이며 기만적인 자는 결국 자기 자신을 속일 뿐만 아니라, 자기 존재를 알 수 있는 기회마저 놓치고 맙니다. 절대적인 선의 관점을 가지고 있는 인간은 지극히 겸손한 마음으로 신을 경배합니다. 한 걸음 아래로 내려가는 것은 한 걸음 위로 올라가는 것입니다. 자신을 버리는 사람은 자신을 찾게 됩니다.

신속한 이 내적 에너지가 잘못을 바로잡고, 현상을 수정하고, 사실과 생각이 조화를 이루게 하면서 모든 곳에서 작동하고 있음을 우리는 깨달아야 합니다. 삶에서 이 에너지의 작동이 느리다고 느껴질 수도 있지만, 결국에는 영혼 안에서 작동하는 것만 큰 삶에서도 확실하게 작동합니다. 그 에너지에 의해 인간은 자신의 선행에 선을 더하고, 자신의 악행에 악을 더하면서 섭리대로 자신의 운명을 만들어 갑니다. 인품은 언제나 드러납니다. 도둑질로는 결코 부자가 될 수 없습니다. 자선을 베풀면 절대 가난해지지 않습니다. 살인을 저지르면 돌담이 그 죄를 말합니다. 아주 조금이라도 거짓이 섞이면, 예를 들어 약간의 허영심을 품거나, 좋은 인상을 주려고 겉모습을 꾸미고자 마음먹으면 그 즉시 결과를 망치고 말 것입니다.

반면에 진실을 말하면, 모든 자연과 모든 영혼들이 여러분을 도와서 뜻밖의 발전을 이루게 해 줄 것입니다. 진실을 말하면 살아 있는 모든 것들이, 심지어 짐승들까지도 증인이 되어 줄 것이며, 땅속에 있는 풀뿌리마저도 꿈틀거리며 여러분의 진실을 증언해 줄 것입니다.

자신이 사랑하는 것들에 스스로 적응하며 사회의 법칙이 되어 있는 그 법칙의 완벽성을 다시 주목하세요. 우리는 지금의 모습대로 관계를 맺습니다. 친연성親緣性에 따라 선한 자들은 선을 좇고, 악한 자는 악을 좇습니다. 자기 의지에 따라서 그만큼 영혼은 천국으로 나아가기도 하고, 지옥으로도 나아가기도 합니다. 언제나 이러한 사실들은 인간의 마음에 숭고한 믿음을 불어넣어 주었습니다.

'세상은 여러 가지 힘이 만들어 낸 것이 아니라 하나의 의지, 하나의 정신이 만든 산물이다. 그 하나의 정신은 모든 곳에서, 심지어 별의 빛살 하나하나, 연못의 잔물결 하나하나에도 작용하고 있으며, 무엇이든 그 의지에 반하는 것은 어디에서나 앞이 막힐 것이며 실패할 것이다. 왜냐하면 만물은 그렇게 되도록 만들어졌고, 예외는 없기 때문이다.'

이것이 바로 그 믿음입니다. 선은 절대적이고 완전합니다. 반면에 악은 절대적이지 않고, 단지 결핍되어 있을 뿐입니다. 열이 결핍된 상태인 냉기와 같습니다. 모든 악은 죽음, 또는 공空과 다름없습니다. 선의善意는 절대적이며 실제적입니다. 자신이 가지고 있는 선의만큼 인간은 생명을 갖는 것입니다. 만물은 똑같이 이 정신으로부터 비롯된 것인데, 어디에 적용되느냐에 따라 사랑, 정의, 절제 등과 같이 다른 이름으로 불립니다. 파도가 닿는 해안에 따라서 바다가 여러 가지 다른 이름으로 불리는 것과 같은 이치입니다.

만물은 같은 정신으로부터 비롯되며, 만물은 그 정신과 함께 같은 목표를 지향합니다. 선한 목적을 추구하는 동안에 인간은 자연의 완전한 힘을 받아 스스로도 강해집니다. 반면에 이 목적에서 벗어나 방황하면, 인간은 힘을 박탈당하고 아무런 도움도 받지 못합니다. 그의 존재는 멀리 떨어져 있는 모든 물길에서 벗어나 시들기 시작하며, 점점 더 작아져서 하나의 티끌이 되고 점點이 되어 버립니다. 그리고 결국 절대적 악은 절대적 죽음이 되어 버리지요.

이와 같은 가장 중요한 법칙을 인식하면 우리가 '종교적 정서'라고 부르는 정서가 마음속에서 깨어나고, 그 정서를 통해 우리는 최고의 행복을 느끼게 됩니다. 만물을 길들이고 장악하는 그 정서의 힘은 참으로 놀랍습니다. 그것은 산 속의 공기입니다. 세상의 방부제입니다. 몰약沒藥이며 소합향蘇合香이고, 염소鹽素이며 로즈마리입니다. 그 정서는 하늘과 언덕을 장엄하게 만듭니다. 그것은 별들의 조용한 노래입니다. 세상이 안전하고 살 만한 곳이 된 것은 과학이나 권력 때문이 아니라, 바로 그 힘 때문입니다. 사고思考는 사물과 사건들에 대해 냉정하고 독립적으로 작용하더라도 아무런 목적이나 통합성을 찾아내지 못합니다. 그러나 미덕의 정서가 마음속에서 태동하면 그 절대 법칙이 모든 자연을 지배한다는 확신을 갖게 되며, 세계들, 시간, 공간, 영겁永劫이 한꺼번에 터져 나와 환호하는 듯 느껴집니다.

미덕의 정서는 신성하며 숭고합니다. 그것은 인간의 지복至福입니다. 인간을 무한한 존재로 만듭니다. 미덕의 정서를 통해 영혼은 처음으로 스스로에 대해 알게 됩니다. 미숙한 인간은 위대한 인물들을 따름으로써 자신이 위대해지고자 하며, 다른 사람에게서 이익을 취하고자 합니다. 미덕의 정서는 모든 선의 원천이 자기 안에 있으며, 다른 모든 인간들과 똑같이 자기 역시 이성(理性)의 바다로 통하는 해협임을 보여줌으로써, 그런 미숙한 인간이 저지르는 치명적인 실수를 바로잡아 줍니다. 그가 "나는 그래야 한다."라고 말할 때, 사랑의 온기를 느낄 때, 그리고 저 높은 곳에서 보내는 경고에 따라 선의와 선행을 선택할 때, 비로소 최고의 지혜로부터 흘러나온 장엄한 선율이 그의 영혼을 감싸게 됩니다. 그러면 그는 경외심을 품을 수 있으며, 그 경외심에 의해 자신도 성장할 수 있습니다. 결코 이 미덕의 정서를 저버릴 수는 없기 때문입니다. 영혼의 가장 숭고한 비행에서 도덕심은 언제나 승리하며, 사랑은 영원히 커집니다.

이 미덕의 정서는 사회의 토대를 이루면서 온갖 형태의 숭배를 연속적으로 창조해 냅니다. 숭배의 원천은 결코 소멸되지 않습니다. 미신이나 관능적 쾌락에 빠져 있는 인간도 거의 항상 도덕적 정서에 대한 환상을 가지고 있습니다. 마찬가지로, 도덕적 정서의 표현은 어떤 형태든지 그 표현의 순수성에 비례해 그만큼 성스럽고 오래 남습니다. 이 정서의 표현들은 다른 어떤 창작물들보다 더 많은 영향을 우리에게 미칩니다. 이 경건한 믿음을 표출한다면, 아무리 오래된 시대의 문장들이라도 여전히 신선하며 향기롭습니다.

믿음이 독실하고 사고가 깊은 동양에서는 이런 생각이 항상 사람들의 마음속 가장 깊은 곳에 자리하고 있었습니다. 그 생각이 지극히 순수한 표현에까지 도달했던 팔레스타인뿐만 아니라, 이집트, 페르시아, 인도, 중국에서도 그랬습니다. 지금까지 유럽은 동양의 천재성 덕분에 영적 자극을 받을 수 있었습니다. 분별있는 사람이라면 누구나 동양의 성스러운 시인들이 한 말이 설득력 있고 참되다고 인식했습니다. 또한 비록 그 이름은 이 세계의 역사 속에 도랑처럼 깊이 새겨져 있지 않지만, 예수가 인류에게 남긴 독특한 인상은 이 동양사상의 유입이 끼친 오묘한 영향력을 입증하는 증거입니다.

한편, 신전의 문들이 밤이나 낮이나 모든 이들에게 열려 있고, 이 진리의 신탁神託이 영원히 계속되는 동안 그곳은 하나의 엄격한 조건에 의해 지켜지는데, 그 조건은 바로 직관直觀입니다. 그 진리는 간접적으로 받아들여질 수 없습니다. 사실, 내가 다른 영혼으로부터 받을 수 있는 것은 자극이지, 지시指示는 아닙니다. 그 다른 영혼이 말하는 것이 진실인지는 내 안에서 내가 밝혀내야 합니다. 내 안에서 진실이 아니라면 전부 거부해야 합니다. 그가 명령을 내리더라도, 그가 내 상관일지라도, 그가 누구든지 간에 나는 아무 것도 받아들일 수 없습니다.

반면에, 이 근본적인 믿음이 없다는 것은 퇴락頹落이 진행된다는 의미입니다. 밀물이 있으면 썰물이 있는 법입니다. 이 믿음이 떠나가도록 내버려둔다면, 그것이 했던 말들과 그것이 만들어냈던 것들은 거짓이 되고 해로운 것이 됩니다. 그러면 교회, 국가, 예술, 문학, 삶이 퇴락하고 맙니다. 신성神性의 원칙이 망각되고, 체제體制는 병에 걸려서 일그러집니다.

한때는 인간이 모든 것이었지만, 이제 인간은 하나의 부속물이며, 골칫거리일 뿐입니다. 그리고 내재해 있는 최고의 정신은 완전히 제거될 수 없기 때문에 그 정신의 원칙은 왜곡을 겪게 되며, 그 결과 신성神性은 한두 사람에게만 허락되고 다른 모든 사람들에게는 엄격하게 차단됩니다. 영감靈感의 원칙은 상실됩니다. '다수의 목소리'라는 저급한 원칙이 영혼의 원칙이 있어야 할 자리를 침탈합니다. 기적, 예언, 시, 그리고 이상적인 삶, 경건한 삶은 단지 고대의 역사로서만 존재합니다. 그것들은 믿음 안에 있지 않으며, 사회의 열망 안에도 있지 않습니다. 그것들에 대해 이야기를 꺼내면 사람들의 웃음거리가 될 것입니다. 숭고한 목표들이 시야에서 사라지자마자, 삶은 코미디처럼 변하거나 초라해지고 맙니다. 그리고 인간은 근시안으로 세상을 보며 오로지 감각들에게 말을 거는 것들에만 몰두하게 됩니다.

이 보편적인 견해들은 '보편적'이라는 조건에서 벗어나지 않는 한 그 누구도 이의를 제기하지는 않을 것입니다. 그리고 이런 보편적인 견해들을 뒷받침할 풍부한 사례들을 종교의 역사, 특히 기독교 교회의 역사에서 찾아볼 수 있습니다. 우리 모두는 기독교 교회의 역사 안에서 탄생했고 성장했습니다. 저의 젊은 친구들인 여러분은 이제 그 안에 담겨 있는 진리를 가르치기 위해 출발하려고 합니다. 우리는 제의祭儀로서의, 즉 문명화 된 세계에서 확립되어 있는 신에 대한 숭배 의식으로서의 기독교 교리敎理에 대해 굉장한 역사적 관심을 가지고 있습니다. 인류의 위안이 되어 왔던 기독교의 신성한 용어들에 대해서는 제가 굳이 여러분에게 언급할 필요는 없을 것입니다. 우리가 방금 전에 받아들였던 관점에서 볼 때, 하루가 다르게 점점 더 심각해지고 있는 기독교 교회 운영의 두 가지 오류를 지적함으로써, 저는 여러분에 대한 저의 책무에서 벗어나고자 합니다.

　예수 그리스도는 진정한 예언자들 중 한 명이었습니다. 예수는 현실에서 영혼의 신비를 보았습니다. 예수는 영혼의 완벽한 조화에 이끌리고, 영혼의 아름다움에 매료된 채 그 안에서 살았으며, 자신의 존재를 그 안에 두었습니다. 역사를 통틀어 단 한 사람, 오직 예수만이 인간의 위대함에 대해 제대로 평가했습니다. 단 한 사람만이 여러분과 제 안에 존재하는 것에 충실했습니다. 예수는 하나님이 당신의 형상을 인간 속에 구현하시며 당신이 창조하신 세계를 영유하시기 위해 끊임없이 새롭게 나아가신다는 사실을 알았습니다. 예수는 이 숭고한 정서에 고무되어 이렇게 말했습니다.

　　"나는 신성하다. 하나님께서는 나를 통해서 행동하시고, 나를 통해서 말씀하신다. 하나님을 보려거든 나를 보아라. 내가 지금 생각하는 대로 너희 역시 생각한다면, 너희 자신을 보아라."

　그런데 동시대에, 그리고 그의 사후에, 그리고 지금 시대까지도 그의 가르침과 기억은 참으로 엄청난 왜곡을 겪게 됩니다! 인간의 이해력으로 배울 수 있는 절대 이성의 가르침이란 있을 수 없습니다. 그 시인의 입에서 나온 이 고매한 찬가讚歌를 인간의 이해력으로 받아들여 그의 사후에 이렇게 전한 것입니다.

"그분은 하늘나라에서 내려오신 여호와이셨다. 그분을 인간이라고 말한다면, 내 너를 죽이리라."

예수가 쓴 특유의 어법, 그리고 미사여구의 화법으로 인해 그의 진실이 곡해 되었고, 그 결과 교회들은 예수의 신념이 아니라, 그의 비유법比喩法 위에 세워지게 된 것입니다. 예수 이전 그리스와 이집트의 시로 표현된 가르침과 마찬가지로, 기독교도 하나의 신화神話가 되어 버린 것입니다. 예수는 기적을 이야기했습니다. 예수는 인간의 삶, 그리고 인간이 하는 모든 행위가 기적이라고 느꼈고, 성품이 고양됨에 따라 이 일상적인 기적이 빛나게 됨을 알았기 때문입니다. 그러나 '기적'이라는 단어는 기독교 교회들이 입에 올리면서 그릇된 인상을 주게 됩니다. 그 단어는 '괴물'이 되어 버립니다. 그 단어에는 이제 바람에 살랑거리는 클로버와 하늘에서 내리는 비가 담겨 있지 않습니다.

예수는 모세와 선지자先知者들에 대해 존경심을 느꼈습니다. 그러나 그들이 전한 초기 계시들이 실현되지 않은 채, 지금 존재하는 시간과 인간에게로 미뤄지고 마음속 영원한 복음으로 남는 것에 대해 예수는 전혀 개의치 않았습니다. 그렇기 때문에 예수는 진정한 인간입니다. 우리 안에 있는 법칙이 명령을 내리고 있음을 알았기 때문에, 예수는 그 법칙이 다른 무엇에 의해 명령받는 것을 용납하지 않으려 했던 것입니다. 예수는 용기 있게, 자신의 몸으로, 마음으로, 삶으로, 그 법칙이야말로 하나님이라고 선언했던 것입니다. 그래서 저는 예수가 인간의 가치를 온전히 인정한, 역사상 유일한 영혼이라고 생각합니다.

전통적 기독교의 첫 번째 오류
- 왜곡과 변질

이런 시각에서 보면, 우리는 전통적 기독교의 첫 번째 결점을 아주 쉽게 인지할 수 있습니다. 전통적 기독교는 종교를 전파하기 위한 모든 노력을 변질시키는 오류에 빠져 버렸습니다. 지금 우리 앞에 보이는, 그리고 오랜 세월 동안 줄곧 보여 왔던 전통적 기독교의 모습은 영혼의 원칙이 아니라, 인물, 확신, 의식儀式의 과장일 뿐입니다. 전통적 기독교는 예수라는 인물에 대한 대단히 해로운 과장과 더불어 존재해 왔고, 지금도 그렇게 존재하고 있습니다.

영혼은 개별적인 인물에 대해 전혀 알지 못합니다. 영혼은 모든 인간들이 우주의 최대 영역까지 확장하도록 인도해 주며, 마음에서 우러나는 사랑을 지닌 자들을 좋아할 뿐, 어느 누구도 편애하지는 않습니다. 그런데 나태와 두려움이 건설한 이 동쪽의 한 기독교 국가에 의해 인간의 친구는 인간에게 해를 입히는 자가 되어 버렸습니다. 한때는 존경과 사랑을 표현한 경구警句였던 것이 지금은 돌처럼 굳어서 공식 명칭처럼 변해 버렸습니다. 예수의 이름을 그런 고착화 된 표현들로 둘러싸는 태도가 너그러운 동정심과 호감을 전부 말살하고 있습니다. 제 말을 들을 수 있는 사람이라면 누구나 유럽과 아메리카에 그리스도를 설명해 주는 언어는 선하고 고결한 정신에게 전하는 우정과 열정의 표현이 아니라, 틀에 맞춰진 형식적인 표현임을 느낍니다. 오리엔트나 그리스의 사람들이 오시리스Osiris[1]나 아폴로Apollo[2] 신을 묘사하듯이, 예수도 반신반인半神半人의 모습으로 그려져 있다는 의미입니다. 과거의 그릇된 교리문답식 가르침을 그대로 받아들인다면 기독교의 이름표를 달지 않는 한, 정직과 금욕마저도 그저 화려한 죄악에 불과합니다.

자연 속으로 들어갈 인간으로서의 권리를 속임수에 넘어가 빼앗기느니 차라리 '낡은 믿음의 품에서 길러지는 이교도'[3]가 되는 편이 낫습니다. 그 권리를 빼앗기면 이름들과 장소들, 땅과 직업들을 찾지 못한 채, 미덕과 진실마저도 봉쇄되고 독점됩니다. 심지어 여러분은 인간이 되지도 못합니다. 여러분은 세상을 소유하지 못할 것입니다. 결코 여러분 안에 있는 불멸의 법칙에 따라

---

1 고대 이집트 신화 속 최고의 신으로, 하늘의 신인 호루스의 아버지이며, 세트에게 살해되어 지하세계의 통치자가 되었다.

2 고대 그리스 신화에서 최고의 신인 제우스의 아들로서 태양과 가후를 관장하며 인간에게 예언과 신탁을 전한 신이다.

3 'A pagan, suckled in a creed outworn'은 영국의 낭만주의 시인인 윌리엄 워즈워스 (William Wordsworth, 1770~1850)의 시 「세상은 우리에게 벅차다(The World is Too Much with Us)」의 시구를 인용한 것이다.

살지 못할 것이며, 하늘과 땅이 온갖 사랑스러운 형태로 여러분에게 투영하는 무한한 아름다움과 어울리며 살지도 못할 것입니다. 여러분의 본성을 그리스도의 본성에 종속시켜야 하며, 우리가 해석한 것을 여러분은 그냥 수용해야만 하고, 저속한 자들이 그려주는 예수의 초상화를 그대로 받아야만 합니다.

내 자신에게 나를 맞추는 것이 항상 최선입니다. '네 자신에게 복종하라'는 위대한 스토아학파Stoicism [1] 의 가르침에 의해 숭고함이 내 안에서 깨어납니다. 내 안에 하나님이 있음을 보여주는 것이 나를 강인하게 만듭니다. 내 밖에 하나님이 있음을 보여주는 것이 나를 사마귀와 종기로 만듭니다. 그러면 더 이상 내 존재에 대한 필연적인 이유는 없습니다. 때 이른 망각의 긴 그림자가 다가와 이미 나를 덮치고 있으며, 나는 영원히 사망할 것입니다.

신성한 시인들은 내 미덕의 친구들이요, 내 지성과 내 힘의 친구들입니다. 그들은 내 마음을 밝게 비추는 빛줄기들이 나의 것이 아니라, 하나님의 것이라고 나를 훈계합니다. 그 시인들은 같은 생각을 가지고 있었고, 하늘로부터 받은 환상을 거스르지 않았다고 말합니다. 그래서 저는 그 시인들을 사랑합니다. 그들에게서 나오는 고귀한 자극이 악에 저항하라고, 세상을 다스리라고, 그리고 존재하라고 저에게 요구합니다. 예수 역시 자신의 신성한 생각들로 우리에게 봉사할 따름입니다. 그것뿐입니다.

---

1 기원전 3세기 제논(Zenon)이 정립한 그리스의 철학 학파로, 금욕과 절제를 통한 개인의 행복, 자연과 일치되는 삶, 도덕을 바탕으로 한 공적 역할을 중시했다.

기적들로 한 인간의 신앙을 바꾸려고 하는 것은 영혼을 모독하는 행위입니다. 항상 그랬듯이, 지금도 진정한 개종改宗, 진정한 그리스도인은 아름다운 정서들을 받아들임으로써 가능한 것입니다. 위대하고 풍요로운 영혼은 예수의 영혼처럼 범인凡人들 중에서 태어나지만, 다른 영혼들을 능가하기 때문에 예수가 그랬듯이 세상을 명명命名합니다. 범인들은 세상이 예수로 말미암아 존재한다고 생각하면서도 아직 예수의 감각에 흠뻑 취하지 못했습니다. 그래서 오로지 자기 자신에게, 즉 자기 안에 있는 하나님에게로 다가가야만 영원히 성장할 수 있다는 사실을 알지 못합니다.

나에게 뭔가를 가지라고 주는 것은 가치가 낮은 이득입니다. 가치가 높은 이득은 크든 작든 내 자신의 일부분을 실행할 수 있도록 해주는 것입니다. 하나님께서 영혼에게 주신 선물은 교만하거나 압도적이거나 독점적인 신성神性이 아니라, 여러분과 제가 존재하고 성장하도록 유도하는, 여러분과 제가 가지고 있는 것과 같은 아름답고 선천적인 선의善意입니다. 그리고 이제 모든 인간들이 그 선물의 의미를 깨닫게 될 시대가 다가오고 있습니다.

통속적인 설교의 부당성不當性은 영혼을 모독할 뿐만 아니라, 예수의 이름마저도 더럽히고 있습니다. 그런 설교자들은 자신들이 예수의 복음福音을 반갑지 않은 것으로 변질시키고 있으며, 예수에게서 미美의 타래와 하늘나라의 속성을 잘라내고 있음을 깨닫지 못합니다.

에파미논다스Epaminondas[1]나 워싱턴Washington[2] 같은 위엄 있는 정치가들을 볼 때, 저의 동시대인들 중에서 진정한 연사들, 공정한 판사들, 친절한 친구를 만날 때, 그리고 시의 선율과 시상詩想에 감동할 때 저는 마땅히 추구해야 할 아름다움이 무엇인지 깨닫게 됩니다. 시대를 초월해 진정한 하나님을 찬양했던 그 시인들의 진지한 음악은 제 귀에는 너무도 아름다울 뿐만 아니라, 인간으로서 저의 존재와 훨씬 더 완전하게 일치하는 듯 들립니다.

이제 더 이상, 예수를 격리시키고 하나 뿐인 특수한 존재로 평가함으로써 그의 생애와 이야기들을 폄훼하며 이 아름다운 영역에서 내쫓아서는 안 됩니다. 인간의 삶의 일부분, 풍경의 일부분, 즐거운 시절의 일부분으로, 생기 있고 따뜻한 있는 그대로의 실체로서 예수의 생애와 이야기를 받아들입시다.

전통적 기독교의 두 번째 오류
- 미덕의 결핍, 목회자의 무능

그리스도의 정신을 보수적이고 제한적으로 활용하는 방식 때문에 발생하는 두 번째 결점은 첫 번째 결점의 필연적인 결과입

---

1 고대 그리스 도시국가인 테베의 정치가, 군인. 기원전 371년 스파르타와의 전쟁을 승리로 이끌었고, 이후 펠로폰네소스 원정에도 성공했다.
2 조지 워싱턴(George Washington, 1732~1799). 미국 독립전쟁을 승리로 이끈 독립군 총사령관이자 미국의 초대 대통령.

니다. 다시 말해서, 가장 중요한 법칙인 도덕적 본성이 드러나야 위대함, 즉 하나님이 열려 있는 영혼으로 들어올 수 있는데, 그 도덕적 본성이 사회 안에서 확고한 교리의 원천으로서 아직 충분히 탐구되지 못한 것입니다. 사람들은 그 계시를 오래 전에 받았고 이미 이루어졌다고 말해 왔습니다. 마치 하나님이 죽은 것처럼 말이지요. 믿음의 손상은 설교자의 목을 조릅니다. 그래서 교리 중 가장 고귀한 것들이 일관되지 않고 불분명한 소리가 되어 버립니다.

의심할 바 없이, 내가 가진 지식과 사랑을 다른 사람들에게 전하고자 하는 소망과 욕구는 영혼의 아름다움과 대화를 나누었기 때문에 생기는 것입니다. 말을 못하게 하면, 생각은 그 사람에게 무거운 짐이 됩니다. 선지자先知者는 항상 예언자豫言者이기도 합니다. 그의 꿈은 어떤 식으로든 표현됩니다. 숭고한 기쁨에 젖어 그 꿈을 어떤 식으로든 공개합니다. 때론 캔버스에 연필로 그리기도 하고, 때론 조각칼로 돌에 새기기도 하고, 때론 화강암으로 교회의 탑과 측랑側廊을 지어서 그의 영혼이 숭배하는 것을 표현하기도 하고, 때론 자유로운 음악 형태의 찬송가를 만들어 표현하기도 합니다. 그러나 가장 분명하고 가장 오래 남는 것은 언어로 표현될 때입니다.

그 계시의 우월성에 매료된 사람은 성직자가 되거나 시인이 됩니다. '성직자'와 '시인'이라는 직무는 세상만큼이나 오래되었습니다. 그런데 그 직무에는 '영적 제한'이라는 조건이 있음을 주목해야 합니다. 오직 영성靈性이 있는 자만이 가르칠 수가 있습니다. 세파에 물든 사람, 욕심이 많은 사람, 거짓말을 잘하는 사람, 노예처럼 사는 사람은 결코 가르칠 수 없습니다. 오직 가지고 있는 자만이 줄 수 있고, 존재하는 자만이 창조할 수 있습니다. 그 영혼이 그 사람에게 내려와 그를 통해 말을 해야만 가르칠 수 있는 것이지요.

용기, 신앙심, 사랑, 지혜가 가르칩니다. 그리고 누구나 이 천사들에게 자신의 문을 열어 줄 수 있으며, 그러면 이 천사들이 그에게 방언方言의 은사恩賜를 가져다 줄 것입니다. 그러나 책에 나온 대로, 종단宗團에서 사용하는 대로 유행을 좇아서 이해관계에 얽매여 말하고자 하는 자는 허튼 소리만 지껄이게 됩니다. 그런 자는 입을 다물게 해야 합니다.

여러분은 이 신성한 직책에 헌신하려고 합니다. 저는 여러분이 욕구와 소망으로 두근거리는 심장에서 여러분의 소명召命을 느낄 수 있기를 바랍니다. 그 직책은 세상에서 가장 중요한 것입니다. 그 직책은 너무도 진실한 것이기에 그 어떤 거짓 논리에도 휘둘릴 수 없습니다. 새로운 계시에 대한 욕구가 지금보다 더 절실했던 적은 없었다고 여러분에게 말씀드리는 것이 저의 의무입니다.

제가 이미 밝힌 바 있는 견해들을 통해서, 그리고 제가 많은 사람들과 함께 공감하며 믿고 있는 것처럼 여러분도 사회가 전반적으로 부패해 있고, 이제 믿음은 거의 사망했다는 서글픈 판결을 내리게 될 것입니다. 아무도 영혼에 대해 설교하지 않습니다. 교회는 생명이 거의 다해 비틀거리며 넘어지고 있는 듯합니다. 이 자리에서, 그리스도의 믿음을 설교할 소망과 책무를 가진 여러분에게 그리스도의 믿음이 설교되고 있다고 듣기 좋은 소리를 한다면, 그것은 범죄나 다름없을 것입니다.

이제 우리 교회들의 궁핍함에 대해 비판하는 모든 사려 깊은 사람들의 억눌린 중얼거림이 도덕성을 갖춘 문화에서만 생성되는 위안, 희망, 위엄을 빼앗겼기 때문에 울고 있는 이 마음의 통곡 소리가 나태함의 잠을 뚫고 일상의 소음 너머로 들려야 할 때입니다. 이 위대하고 영원한 '설교자'라는 직책은 면직免職되지 않습니다. 인생을 살면서 반드시 해야 할 의무들에 적용되는 도덕적 정서를 표현하는 것이 바로 설교입니다.

'인간이 무한한 영혼이며, 하늘과 땅이 인간의 마음속으로 흘러들고 있으며, 인간이 하나님의 영靈을 영원히 마시고 있음을 인간 스스로 인식할 수 있도록 창조되었다.'

이렇게 말하는 교회가, 예언자가 몇이나 되나요? 아름다운 선율로 내 마음을 지극히 행복하게 하고, 그 기원이 하늘나라에서 비롯되었다고 확인해 주는 그 설득의 말은 이제 어디에서 들을 수 있을까요? 과거의 시대처럼 아버지와 어머니, 집과 땅, 아내와 자식까지 모든 것을 버리고 따라오라며 사람들을 이끄는 말들을 어디에서 들을까요? 내 귀를 가득 채울 만큼 울려 퍼지는 이 거룩한 도덕 법칙들의 소리를 어디에서 들을까요? 내 최선의 행동과 열정의 노력에 의해 내가 고귀해짐을 느끼게 하는 그 소리를 어디에서 들을까요?

자연의 법칙들이 물리적 활동을 제어하듯이, 영혼을 매료시키고 통제하는 힘이 있어야 진정한 믿음이라 할 수 있습니다. 우리가 그 믿음에 복종하는 것에서 기쁨과 영예로움을 찾을 수 있을 만큼 압도적인 힘을 가지고 있어야 합니다. 그 믿음은 뜨고 지는 태양의 햇빛, 하늘을 떠가는 구름, 노래하는 새들, 꽃들의 숨결과 조화를 이루어야 합니다. 그런데 지금 성직자의 안식일은 자연의 아름다운 특성을 상실했습니다. 일요일의 예배는 매력적이지 않습니다. 우리는 예배가 끝나면 즐겁습니다. 교회 신도석信徒席에 앉아서 우리들끼리 예배를 보더라도 그것보다는 훨씬 더 낫게, 훨씬 더 경건하고 즐거운 시간으로 만들 수 있고, 또 실제로도 그렇습니다.

형식주의자가 설교단說教壇을 차지하면 신도들은 속아 넘어가거나 불행해집니다. 그들의 기도가 시작되자마자 우리는 위축됩니다. 그들의 기도는 우리의 정신을 고양시키지 못하며, 마음에 상처를 주거나 불쾌하게 만들 뿐입니다. 우리는 기꺼이 외투를 여미면서 기도 소리는 듣지 않은 채, 최대한 혼자만의 생각에 빠지고자 노력합니다.

일전에 제가 어떤 목사의 설교를 들었는데, 정말 제 입에서 '다시 교회 나오나 봐라!'는 말이 나올 것 같았습니다. 그때 저는 생각했습니다.

'사람들은 습관적으로 가던 곳으로 또 가기 마련이다. 그게 아니라면 아무도 오후에 그 예배당에 들어가지 않았을 것이다.'

그날 눈보라가 몰아치고 있었습니다. 그 눈보라는 실제였습니다. 반면에 그 설교자는 허깨비나 다름없었지요. 그를 바라보다가 그의 뒤에 있는 창문 밖으로 흩날리는 아름다운 눈송이를 바라보니, 슬픈 대비감對比感을 느낄 수밖에 없었습니다.

그 설교자는 인생을 헛살았습니다. 그는 인생에서 웃거나 울거나, 결혼을 하거나 사랑에 빠지거나, 다른 사람에게 칭찬을 받거나, 속거나, 화가 나거나 했던 일들을 단 한 마디도 내비치지 않았습니다. 그가 정말로 삶을 살았는지, 정말로 행동했는지, 그것에 대해 우리는 전혀 알 수가 없었습니다. '설교자'라는 직책의 가장 중요한 역할, 즉 삶을 진리로 변환하는 것을 그 사람은 아직 배우지 못했던 것입니다. 자신의 모든 경험에서 단 하나의 사실조차도, 그는 아직 자신의 신념 안으로 받아들이지 못했던 것입니다. 이 사람은 밭을 갈고 씨를 뿌렸으며, 이야기를 했고, 물건을 사고팔았습니다. 책을 읽었고, 먹고 마셨습니다. 머리가 아프고, 심장은 고동칩니다. 미소를 짓기도 하고 고통을 느끼기도 합니다. 그럼에도 불구하고 이 사람의 설교에서는 인생을 살았음을 짐작하게 하는 그 어떤 암시도 찾을 수 없었습니다. 현실의 이력履歷에서 그는 단 한 줄의 말도 꺼내지 않았습니다.

이 기준으로 진정한 설교자인지 알 수 있습니다. 진정한 설교자는 자신의 삶, 사고의 불꽃을 관통하는 인생을 다른 사람들에게 나누어 줍니다. 그러나 그 잘못된 설교자의 경우, 그가 세상의 어떤 시대에 몸담고 있었는지, 아버지나 자식이 있었는지, 부자였는지, 가난한 사람이었는지, 도시인이었는지, 시골 사람이었는지 등 그의 이력 중에 그 어떤 사실도 그의 설교에서는 들을 수 없었습니다. 그의 신도들이 교회에 나와야 한다는 사실이 이상할 정도였습니다. 그 신도들의 집안이 너무도 재미가 없어서 차라리 아무 생각 없는 이 시끄러운 교회가 낫다고 여기는 건 아닐까 생각되었습니다.

이 사례는 도덕적 정서에 거부할 수 없는 강한 매력이 있으며, 그 매력이 교회의 이름과 역할 안으로 들어와 단조로움과 무지無知에 한 줄기 희미한 빛을 비춰 줄 수 있음을 보여줍니다. 훌륭한 청자聽者는 자신이 때때로 감동 받았던 적이 있었음을 확실히 기억합니다. 또한 어떤 단계까지 올라야 감동을 받는지, 어떤 말들이 감동을 불러일으키는지도 확실히 알고 있습니다. 훌륭한 청자는 잘못된 설교자들의 헛된 이야기를 들을 때, 더 좋았던 시간들의 기억을 그 이야기와 연관 지으면서 자위自慰합니다. 그러면 그 설교는 아무런 감흥 없는 중얼거림과 메아리가 되고 말지요.

가치 없는 설교를 한다고 해서 항상 헛된 것만은 아니라는 점을 저도 모르지 않습니다. 어떤 사람들은 뛰어난 귀를 가지고 있어서 별로 영양가 없는 음식에서도 양분을 끌어와 자신의 미덕에 공급합니다. 모든 기도와 설교에는 공통적으로 시적詩的 진실이 숨겨져 있습니다. 그래서 어리석게 표현하는 기도와 설교라 할지라도 청자가 현명하게 들을 수 있는 것이지요. 믿음이 깊어지는 순간에 어떤 강한 충격을 받거나 환희에 휩싸인 영혼으로부터 터져 나오는 선택된 표현 속에 시적 진실이 담기기 때문입니다.

우리 교회의 기도들, 심지어 교리들까지도 덴데라Denderah[1] 신전에 그려진 황도대黃道帶나 힌두교 사람들의 천문 유적들과 비슷합니다. 사람들의 삶과 일 속에 현존하는 그 어떤 것과도 완전히 동떨어져 있습니다. 그것들은 과거의 어느 한때에 물이 어느 높이까지 찼는지 표시해 놓은 것에 불과합니다. 그럼에도 이 단순한 장치는 선하고 경건한 사람들과 악한 사람들을 구분하는 기준이 되어 있습니다. 우리 사회의 많은 영역에서 종교 의식은 상당히 다른 사고들과 정서들을 불러일으킵니다.

우리는 게으른 하인을 꾸짖을 필요가 없습니다. 오히려 우리는 그의 게으름에 대한 즉각적인 징벌을 보며 연민을 느끼게 됩니다. 설교단에 불려 나와 있음에도 생명의 양식을 전하지 못하는 불행한 사람. 참으로 딱하지요! 벌어지는 일마다 그의 죄를 묻습니다. 그런 사람이 국내, 또는 해외의 선교 활동을 위해 헌금을 내달라고 청한다면 어떨까요? 교회 신도들에게 돈 얘기를

---

1 고대 이집트의 유적으로 덴데라에 세워진 하토르 여신의 신전이다. 천장에 12궁도가 그려진 것으로 유명한데, 천장은 나폴레옹의 이집트 원정군에 의해 약탈되어 현재는 프랑스 루브르 박물관에 보관되어 있다.

꺼내는 순간, 그의 얼굴은 양심의 가책으로 붉어집니다. 신도들로서는 자신들이 고향에서 먹는 것보다 나을 것 없는 형편없는 '양식'을 제공하기 위해 백 마일, 천 마일 떨어진 곳으로 돈을 보내느니, 차라리 백 마일, 천 마일 떨어진 곳으로 탈출하는 편이 더 나을 것입니다.

그 목회자가 사람들에게 하나님의 뜻에 순종하는 삶을 살라고 설득할 수 있을까요? 교회에 기대할 수 있는 것이 얼마나 변변치 못한 것인지 그 목회자도 알고 사람들도 다 아는데, 안식일 예배에 오라고 사람들에게 말할 수 있을까요? 그런 목회자가 주님의 만찬에 사람들을 개인적으로 초대할까요?

감히 그러지 못합니다. 따뜻한 마음으로 종교 의식에 온기를 불어넣지 않는 한, 공허하고 무미건조하고 뻑뻑거리는 이 형식적 의례는 너무도 평범하고 매력이 없기 때문에 목회자는 지성과 열정을 지닌 사람을 마주 대할 수 없으며, 두려움 없이 초대를 할 수도 없습니다. 그 목회자가 신을 모독하며 대드는 사람을 거리에서 만난다면, 무슨 할 말이 있을까요? 얼굴, 자세, 걸음걸이에 묻어 있는 그 목사의 두려움이 그 불경한 자의 눈에는 보입니다.

훌륭한 사람들의 정당한 자격을 간과함으로써 이 주장의 진정성에 오점을 남기고 싶지는 않습니다. 저는 성직에 몸담고 있는 많은 분들의 순수성과 엄격한 도덕심에 대해 알고 있으며, 그분들을 존경합니다. 교회의 예배가 생명력을 유지할 수 있는 것은 곳곳에 흩어져 있는 신앙이 독실한 분들 덕분입니다. 그분들은 여러 교회들에서 성직자로서의 임무를 성실히 수행하고 있습니다. 가끔은 원로들의 의견을 너무 온순하게 받아들이기는 하지만, 미덕의 진정한 자극을 다른 사람들에게서 받은 것이 아니라 자기 자신의 마음으로부터 받아들였기 때문에 아직까지도 그 인격의 신성함에 대해 우리가 사랑과 외경심을 느끼는 것입니다. 더욱이 그 예외적인 성향은 저명한 일부 설교자들에게서는 찾아보기 힘듭니다. 오히려 모든 이들이 진정한 영감을 받게 되는 최상의 시간들, 즉 순수한 마음을 갖게 되는 순간에 그 예외적인 성향이 더 자주 나타납니다.

그러나 예외가 어떻든 간에, 관습이 이 나라의 설교를 규정짓는다는 것은 사실입니다. 또한 설교가 영혼으로부터 나오는 것이 아니라 기억으로부터 나온다는 점, 설교가 필수적이며 영원불변의 것이 아니라 관례적인 것을 목표로 행해진다는 점, 그래서 결국 전통적 기독교가 숭고함이 깃들인 경이로움과 힘의 원천이 담긴 인간의 도덕적 본성을 탐구할 수 있는 기회를 박탈함으로써 설교의 영향력을 훼손하고 있다는 점 역시 사실입니다.

미덕의 법칙은 끔찍할 정도로 부당한 대우를 받고 있습니다. 이 중요한 법칙은 온 세상의 기쁨일 뿐만 아니라, 그것 자체만으로도 우리의 사고를 매력적이고 풍성하게 만들 수 있습니다. 그 법칙의 숙명적 확실성은 행성의 궤도조차도 감히 모방할 수 없을 정도입니다. 그럼에도 불구하고, 그 법칙은 희화화戱畵化되고 있으며, 폄훼되고 있습니다. 야유와 비웃음을 받고 있으며, 그 법칙의 특성 하나, 그 법칙을 묘사하는 단어 하나조차도 제대로 언급되지 못하고 있습니다.

교단敎團은 이 법칙을 망각한 채 이성을 잃고 있으며, 알지도 못하는 것을 좇고 있습니다. 이런 문화적 결핍 때문에 공동체의 영혼은 병들고 믿음을 잃게 되는 것입니다. 교단이 스스로에 대해, 그리고 교단이 전하는 신성神性에 대해 알고자 한다면, 그 무엇보다도 우선 엄격하고 고결하며, 냉철한 기독교의 규율이 반드시 회복되어야 합니다. 지금 인간은 스스로를 수치스럽다 여깁니다. 비굴하게 살금살금 세상을 숨어 다니면서 관용을 구걸하며 동정의 대상이 되고 있습니다. 지난 천년 동안, 현명하고 선해지고자 노력함으로써 인류의 눈물과 축복을 이끌어 낸 사람들도 극히 드물었습니다.

특정한 진실들에 대해 무지했음에도 불구하고 명실공히 더 큰 믿음이 가능했던 시기들이 분명 있었습니다. 영국과 미국의 청교도들은 자신들의 엄격한 신앙생활과 시민으로서의 자유를 위한 갈망의 범위를 가톨릭교회의 그리스도 개념, 그리고 로마교황청에서 물려받은 교리들에서 찾았습니다. 그러나 그들의 신념은 점차 소멸되고 있으며, 그 빈자리에는 아무 것도 생성되지 않고 있습니다. 우리 교회들 중 어느 곳에 가든지 모든 사람들이 예배가 사람들에게 미쳤던 어떤 영향력이 이미 없어졌거나, 또는 없어지고 있다고 느낄 수밖에 없다고 저는 생각합니다.

교회는 선에 대한 애정, 악에 대한 두려움을 손에서 놓쳐 버렸습니다. 이 나라에서, 우리 이웃에서 절반이나 되는 교회들이 전문 용어로 말하자면 '계약을 파기하고' 있습니다. 종교 집회에서 고유의 특성과 신앙이 밀려나는 현상이 이미 시작되고 있는 것이지요. 안식일을 소중히 여기는 한 독실한 신자가 "일요일만 되면 교회에 나가는 일이 심란하게 느껴진다."고 한탄하는 말을 들은 적이 있습니다. 교회가 가지고 있는 최상의 동기는 이제 단 하나의 희망과 기다림뿐입니다. 교구에서 가장 훌륭한 사람들과 가장 부족한 사람들, 가난한 사람들과 부유한 사람들, 학식 있는 사람들과 무지한 사람들, 어린 사람들과 나이든 사람들이 마치 한 집에 모인 가족처럼 영혼 안에서 평등한 권리를 가지고 있다는 표시로 하루 함께 모인다는 것, 과거에는 그저 하나의 환경에 불과했던 것이 이제는 교회에 나가는 가장 중요한 동기가 되어 버린 것입니다.

여러분, 저는 이 두 가지 오류에 부패하는 교회와 파괴적인 불신不信의 원인이 있다고 생각합니다. 한 나라에 닥칠 수 있는 재앙 중에 신앙의 상실보다 더 큰 게 무엇일까요? 신앙을 잃으면 모든 것이 쇠락합니다. 천재天才는 교회를 떠나서 의회나 시장을 기웃거립니다. 문학은 천박해집니다. 과학은 냉혹해집니다. 젊은이의 눈은 다른 세상들에 대한 기대감으로 반짝이지 않고, 나이를 먹어도 존경을 받지 못합니다. 세상 사람들은 사소한 것들에 얽매여 살게 되고, 사람들이 죽더라도 우리는 그들에 대해 언급하지 않습니다.

교회의 변화와 목회자의 자세

자, 이제 여러분은 한 가지 의문이 떠오를 것입니다.

'이 암울한 시기에 우리는 과연 무엇을 할 수 있을까?'

치료법은 우리가 교회를 비판하는 근거 안에 이미 밝혀져 있습니다. 우리는 교회와 영혼을 대비해 보았습니다. 그러면 구원의 길은 영혼에서 찾아야겠지요.

인간이 가는 곳마다 변혁이 일어납니다. 낡은 것은 노예들의 몫입니다. 인간이 등장하면 모든 책들이 읽을 수 있는 것이 되며, 모든 것이 명쾌해지고, 모든 종교가 형식을 갖추게 됩니다. 인간은 신앙심이 깊습니다. 인간은 놀라운 일을 해냅니다. 기적들 속에 인간이 존재합니다. 모든 인간들이 축복하고 저주합니다. 인간은 다만 '네, 아니요'라고만 말합니다. 종교의 정태靜態, 영감의 시대는 지나간 과거이며, 성경은 이미 결말이 난 이야기라는 전제, 그리고 '예수'라는 인물을 하나의 인간으로 표현하면 그를 모욕하는 것이라는 두려움 등은 우리 신학의 오류를 극명하게 보여줍니다. 하나님은 과거에 존재하신 것이 아니라 지금 존재하신다는 사실, 하나님은 과거에 말씀하신 것이 아니라 지금 말씀하신다는 사실을 우리에게 보여주는 것이 진정한 목자牧

者의 책무입니다.

참된 기독교 신앙, 즉 예수 그리스도가 그랬듯이 인간의 위대함을 믿는 신앙은 사라져 버렸습니다. 아무도 인간의 영혼을 믿지 않습니다. 그저 지금은 존재하지 않는 먼 과거의 몇몇 인물들만을 믿습니다. 통탄할 노릇입니다! 아무도 홀로 가지 않습니다. 모든 사람들이 보이지 않는 곳에서 보고 계신 하나님은 멀리하면서 이 성인聖人 또는 저 시인詩人에게로 떼를 지어 몰려갑니다. 그들은 보이지 않는 곳에서 볼 수가 없습니다. 공개된 곳에서도 보지 못하는 사람들입니다. 그들은 사회가 자신들의 영혼보다 더 현명하다고 생각합니다. 그들은 하나의 영혼, 그리고 자신들의 영혼이 세상 그 어떤 존재보다 더 현명하다는 사실을 알지 못합니다.

국가와 민족들이 시간의 바다 위를 스치듯이 지나가지만, 그들이 떠 있거나 가라앉은 곳을 말해 주는 파문波文조차 전혀 남기지 않는다는 사실을 깨달아야 합니다. 하나의 선한 영혼이 모세Moses, 제노Zeno [1], 조로아스터Zoroaster [2]의 이름을 영원히 성스러운 이름으로 만들 것이라는 사실을 깨달아야 합니다.

그 누구도 국가와 자연 그 자체가 되고자 하는 원대한 야망을

---

1 474년부터 491년까지 재위한 동로마제국의 황제. 당시 동로마에는 신성과 인성이 하나라고 믿는 단성론 그리스도교와 정교회 그리스도교가 반목하고 있었는데, 제노 황제는 이들의 화해를 위해 노력했다.

2 기원전 6세기에 이란 북부에서 조로아스터교를 창시했다. 독일어로 '자라투스트라(Zarathustra)'로도 불린다.

실현하려 하지 않고, 다만 특정 기독교의 조직이나 종파적 관계, 또는 특정한 유명 인물에 종속되어 안주하고자 합니다. 하나님에 대한 자신만의 지식, 자기만의 정서를 내던지고서 성 바울St. Paul[1], 조지 폭스George Fox[2], 스베덴보리Swedenborg가 쌓은 지식을 그대로 받아들인다면, 이 이차적 형태가 지속되는 한 여러분은 시간이 지날수록 하나님으로부터 멀어지게 됩니다. 그리고 그렇게 수백 년이 지나 지금처럼 간극이 크게 벌어지게 되면, 사람들은 자기 안에 성스러운 것이 존재한다는 사실을 확신하기 힘들어집니다.

간곡히 충고하건대, 그 무엇보다도 혼자 나아가세요. 훌륭한 본보기, 심지어 사람들의 상상 속에서 성스럽다 여겨지는 인물들까지도 거부하고서, 그 어떤 중개자나 휘장揮帳 없이 용기 있게 하나님을 사랑하세요. 여러분은 웨슬리Wesley[3]와 오베를린Oberlin[4] 같은 목회자들, 성자들과 예언자들 같은 귀감이 될 만한 친구들을 많이 만나게 될 것입니다. 이 훌륭한 인간들을 허락하신 것에 대해 하나님께 감사하세요. 그리고 이렇게 말하세요.

---

1 예수 사후에 기독교도 박해에 가담했다가 환상을 본 이후 개종해 기독교 전파에 힘썼다. 그의 생애와 선교 활동을 후대에 기록한 책이 신약성서의 〈사도행전〉이다.
2 1624~1691. 잉글랜드의 선교사로, 기독교 분파인 퀘이커교를 창설했다.
3 존 웨슬리(John Wesley, 1703~1791). 영국 국교회의 사제로, 복음주의를 바탕으로 감리교를 창설했다.
4 요한 프리드리히 오베를린(Johann Friedrich Oberlin, 1740~1826). 프랑스 출신의 루터교 목사로, 독일 바이에른 발더바흐에서 지역 발전을 위한 사회 활동과 목회 활동을 했다. 빈민을 구제하고 다른 신교도들은 물론 가톨릭교도까지 포용해 박애주의자로 평가 받는다.

"나 역시 이들처럼 한 인간이다."

　모방만 한다면 결코 모방하는 대상을 뛰어넘을 수 없습니다. 모방하는 사람은 결국 어쩔 수 없이 평범한 사람이 되고 맙니다. 창조하는 사람은 창조하는 행위가 자연스러울 뿐만 아니라, 그 행위에서 매력을 느끼기 때문에 창조하는 것입니다. 모방자에게도 천성으로 타고난 다른 무엇이 있습니다. 그럼에도 그는 자기만의 아름다움을 스스로 버리고서 다른 사람의 아류亞流가 되고 마는 것이지요.

　여러분 자신이 성령의 힘으로 다시 태어난 시인입니다. 복종은 모두 던져버리세요. 그리고 사람들이 직접 하나님을 만날 수 있게 도우세요. 유행, 관습, 권위, 쾌락, 돈은 여러분에게 아무 것도 아님을 명심해야 합니다. 그것들이 여러분의 눈을 가려 보지 못하게 해서는 안 됩니다. 측량할 수 없는 정신의 특권을 가지고 살아야 합니다. 주기적으로 교구의 모든 가정을 일일이 방문해야 한다는 강박은 갖지 마세요. 대신 남자든 여자든 신도를 만나면, 그들에게 신성한 사람이 되세요. 그들에게 생각과 도덕의 모범이 되세요. 그들의 소심한 열망이 당신 안에서 친구를 발견하게 하세요. 당신이 만든 분위기 안에서 그들의 억눌린 본능이 즐겁게 표출될 수 있도록 하세요. 당신도 의심해 본 적이 있음을 그들의 의심이 알게 하세요. 당신도 궁금했던 적이 있었음을 그들의 궁금함이 느끼게 하세요. 자신의 마음을 믿음으로써, 여러분은 다른 사람들에 대해 더 많은 확신을 갖게 될 것입니다.

비록 우리의 지혜는 보잘 것 없고, 습관의 노예가 되어 영혼을 파괴하고 있지만 모든 인간들이 숭고한 생각들을 가지고 있다는 사실, 모든 인간들이 인생의 짧지만 진실한 시간들을 소중히 여긴다는 사실, 모든 인간들이 자기 이야기를 들어주기를 원한다는 사실, 그리고 원칙의 환영 속으로 휩쓸려 들기를 좋아한다는 사실은 의심의 여지가 없습니다.

우리는 반복적인 일상과 죄악으로 흘려보낸 그 암울한 세월 동안, 우리가 드물게 만났던 영혼들을 기억 속에 빛으로 각인시키고 있습니다. 그 영혼들은 우리의 영혼을 더욱 현명하게 만들어 주었고, 우리가 생각했던 것을 이야기해 주었으며, 우리가 알고 있던 것을 우리에게 말해 주었으며, 내면 깊은 곳에 존재하는 우리 자신에게 충실하도록 허락해 주었습니다. 사람들을 위해 성직자의 직무를 성실히 수행하세요. 그러면 여러분이 자리에 있든 없든 신도들의 사랑이 마치 천사처럼 여러분을 따라다닐 것입니다. 그런데 이 목적을 이루기 위해서는 평범한 수준의 가치를 추구해서는 안 됩니다. 화려해 보이는 가치는 세상 사람들이 사랑하도록 내맡기고, 우리 자신은 절대적인 능력과 가치가 있는 깊은 고독 속으로 들어갈 수는 없는 걸까요?

사회에서 요구하는 선의 기준에 부합하는 것은 쉽습니다. 세상의 칭찬을 받는 것은 너무 쉽습니다. 그리고 거의 모든 사람들이 그런 손쉬운 가치들에 만족합니다. 그러나 하나님과 소통하는 순간, 그런 것들은 아무 의미가 없습니다.

배우가 아니면서도, 연설가가 아니면서도 세상에 많은 영향을 미치는 사람들이 있습니다. 이들은 명성이나 과시가 거추장스러울 만큼 위대한 사람들입니다. 이들은 화려한 언변을 가치 없다 여깁니다. 이들의 눈에는 우리가 예술과 예술가라 부르는 모든 존재가 보여주기 위한 과시와 이기적 동기, 유한하며 이기적인 것의 과장, 그리고 보편성의 상실 등과 너무 긴밀하게 연결되어 있는 듯 보입니다. 마치 아름다운 여인들이 우리 마음에 들어오듯이, 웅변가들과 시인들, 권력자들도 우리가 허락하고 복종하기 때문에 우리 안으로 파고드는 것입니다.

정신을 집중해서 그들을 멀리하세요. 고결하고 보편적인 목표를 추구함으로써, 최대한 그들을 멀리하세요. 그러면 그들도 즉시 느끼게 될 것입니다. 여러분이 정당한 권리를 가지고 있으며, 그들이 빛을 발해야 할 곳은 더 낮은 곳에 있음을 말입니다. 또한 그들은 여러분의 정당성正當性도 느끼게 됩니다. 여러분과 함께 있으면 그들도 '모든 것을 알고 있는 영靈'이 들어오도록 마음의 문을 열기 때문입니다. 이 영은 힘을 다 발휘하지 않더라도, 우리가 가장 현명하다고 부르는 조합들에 속하는 지적 능력의 작은 그림자들과 명암의 변이들을 전부 압도합니다.

그런 숭고한 영적 교감 속에서 우리는 정의正義의 당당한 발현에 대해 고민해야 합니다. 친구들에게 얽매이지 말고 더 냉철하게 선행을 실천해야 합니다. 그래야 우리를 사랑하는 사람들의 부당한 요구 때문에 우리의 자유가 손상되는 일이 없을 것입니다. 우리는 진리를 위해서 과도한 친절과 동정심에 대한 호소는 처음부터 단호히 거부해야 합니다. 우리가 아름답다고 느끼는 가장 고결한 형태의 미덕, 그 미덕의 견고성은 세상의 견해와는 아무 상관이 없으며, 본질적이고 명백하게 도덕적일 뿐입니다. 그것이 당연한 것이므로, 그 미덕에 근거해 정당하고 용감하고 관대한 실행이 이루어져야 하고, 그 누구도 그 실행에 대해 칭찬을 해야 한다고 생각하지도 않을 것입니다. 여러분도 가식적인 사람이 선행을 행하는 것에 대해서는 칭찬하지만, 천사를 칭찬하지는 않을 것입니다.

덕행德行을 세상에서 가장 자연스러운 것으로 인정하는 침묵이야말로 최고의 칭찬입니다. 그런 영혼들이 발현된다면, 그들은 미덕을 지키는 황실 호위대이자 종신 예비군이며, 행운의 독재관이 될 것입니다. 그들의 용기는 칭찬하지 않아도 됩니다. 그들은 자연의 정수精髓이자 영혼이기 때문입니다.

여러분, 우리 안에는 우리가 아직 활용하지 않은 자원들이 있습니다. 위험이 닥쳤다는 소식을 듣자마자 기운을 내어 일어서는 사람들이 있습니다. 대다수의 사람들이 두려움에 떨며 공황 상태에 빠지지만, 이런 상황에서 필요한 것은 몸을 사리며 자신의 것을 챙기는 능력이 아니라 사태의 정확한 이해, 동요하지 않는 침착성, 자신을 희생할 수 있는 마음가짐입니다. 그래서 이런 능력을 가진 사람들에게 위기 상황은 마치 신부新婦처럼 우아하고 사랑스러운 모습으로 다가옵니다.

나폴레옹이 마세나Massena[1]에 대해 언급했던 적이 있습니다. 그에 따르면, 마세나는 전투가 불리해지기 전까지는 그다운 모습을 보이지 않다가 주위의 장교와 사병들이 목숨을 잃기 시작하면 그의 모든 능력이 잠에서 깨어나 공포와 승리의 망토를 걸쳤다고 합니다. 이처럼 천사가 모습을 보이는 것은 절박한 위기에 처해 있고, 포기하지 않고 인내하며, 분명한 목적으로 마음이 하나가 된 상황입니다. 그런데 이런 상황과 능력은 극적인 것으로서, 그런 사례들을 기억하고 우러러볼 때마다 우리는 항상 자신에 대해 부끄럽게 여기면서 뉘우치게 됩니다. 그 존재에 대해 하나님께 감사합시다.

이제 우리가 할 수 있는 일을 함으로써, 거의 다 꺼져서 연기만 나고 있는 제단祭壇 위의 불을 다시 타오르게 만듭시다. 지금의 교회가 저지르는 해악들은 명백합니다. 다시 묻습니다.

우리는 무엇을 해야 할까요?

고백하건대, 저는 새로운 의식儀式과 형식을 갖춘 예배를 기획하고 제정하려는 시도는 전부 부질없다고 생각합니다. 믿음이 우리를 만들지 우리가 믿음을 만드는 것이 아니며, 믿음은 스스로 형식을 갖추기 때문입니다. 시스템을 고안하려는 모든 시도

---

1 앙드레 마세나(Andre Massena, 1758~1817). 프랑스 나폴레옹 군대의 사령관으로, 유럽 원정 전쟁에 참가하여 많은 전투에서 승리를 거두었다.

들은 프랑스인들이 '이성理性의 여신'[1]에 도입한 새로운 숭배만큼이나 소름끼치는 일입니다. 오늘은 판지와 금은세공이지만, 내일은 광기와 살인으로 끝을 맺습니다. 형식을 바꾸려고 하지 말고, 이미 존재하고 있는 형식들을 통해서 여러분이 새로운 생명의 숨을 불어넣으세요. 여러분이 왕성하게 활동한다면, 형식들이 유연하고 새로워진다는 사실을 여러분도 알게 될 것입니다. 기형奇形으로 변하는 예배 형식을 치료할 방법은 첫째도 영혼이요, 둘째도 영혼이고, 언제까지나 영혼입니다. 미덕의 맥박 한 번만으로도 형식의 모든 영역이 고양되고 생명력을 갖게 될 수 있습니다.

기독교는 한없이 귀중한 두 가지 혜택을 우리에게 주었습니다.

첫 번째 혜택은 전 세계의 축제인 안식일입니다. 안식일의 빛은 철학자의 골방에도, 거미줄이 친 다락에도, 수형자의 감방까지도 모두에게 공평하게 비춥니다. 그리고 모든 곳에, 심지어 타락한 자들에게까지도 영적 존재의 존엄성을 깨닫게 해줍니다. 영원한 하나님의 신전을 세웁시다. 그곳에서 새로운 사랑, 새로운 믿음, 새로운 시각이 처음 인류에게 보여주었던 영광보다 훨씬 더 찬란하게 복원될 것입니다.

기독교가 우리에게 준 두 번째 소중한 혜택은 설교 관습입니다. 한 사람이 여러 사람들에게 행하는 연설은 본질적으로 모든

---

1 프랑스혁명 당시 국민공회는 가톨릭이 왕권의 타락과 부조리의 원인이라고 여겼다. 그래서 그에 대한 반감을 표현하고 맹목적 믿음이 아닌 자유와 이성이 혁명의 정신임을 강조하기 위해 '이성의 여신'을 만들어 냈다.

의사소통 형식을 통틀어 가장 유연한 수단입니다. 이제 그 어디에서나, 설교단에서나, 강당에서나, 집에서나, 들판에서나, 사람들의 초대나 여러분의 필요가 이끄는 그 어디에서든 여러분의 삶과 양심이 가르치는 대로 진실만을 이야기하며, 기대감에 들떠 있는 사람들의 여린 마음을 새로운 희망과 새로운 계시로 격려해 주세요. 그 무엇이 여러분의 설교를 방해하겠습니까?

저 동방 사람들, 특히 히브리 사람들의 영혼을 매료시키고, 그들의 입을 통해 만세萬世에 신탁神託을 전했던 그 지고至高의 미美가 서방에서도 말을 하게 될 날을 저는 기다리고 있습니다. 히브리와 그리스의 경전經典들에는 수많은 사람들에게 생명의 양식이 되어 왔던 불후不朽의 문장들이 담겨 있습니다. 다만 그 경전들은 서사적 완결성이 없이 단편적으로 나열되어 있기 때문에, 순서에 맞지 않게 보일 뿐입니다. 저는 그 찬란한 법칙들을 충실하게 따를 새로운 성직자의 등장을 고대하고 있습니다.

새로운 성직자는 그 법칙들의 완전한 순환을 보게 될 것이고, 주위를 에워싸는 그 법칙들의 완벽한 은총을 볼 것이며, 세상이 영혼의 거울임을 깨닫게 될 것입니다. 또한 중력의 법칙과 마음의 순수성이 갖는 동질성을 알게 될 것이며, 자신의 책무, 즉 성직의 의무가 과학과 아름다움과 환희를 모두 아우르는 것임을 증명하게 될 것입니다.

3

문학의 윤리
Literary Ethics

1838년 7월 24일, 다트머스 대학교(Dartmouth College) 문학협회 모임에서 행한 강연

Ralph Waldo Emerson's Greatest Speeches

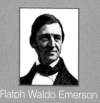

Ralph Waldo Emerson

학자의 특권과 시대의 요구

여러분, 오늘 연설을 하도록 저를 초대해 주신 것은 여러분이 제게 베푼 영광이자 제게는 큰 기쁨이기에, 저는 초청을 받자마자 수락을 했습니다. 학자 분들과 함께 문학 축제를 경축해 달라는 요청은 제게 너무도 매력적인 것이어서, 제가 '여러분의 주목을 끌 만큼 가치 있는 생각을 전할 능력을 발휘할 수 있을까?' 하는 의구심마저도 떨칠 수 있었습니다.

저도 이제 중년의 나이에 접어들었습니다. 그렇지만 소년 시절에 제 모교인 대학교 졸업생들이 기념식에 모인 광경을 처음 보았을 때 못지않게, 지금도 학자들 모임에 오면 무척 기쁘고 흐뭇합니다. 세월이 흘렀어도, 책을 많이 읽었어도 처음에 마음 깊이 품었던 생각, 즉 학자는 하늘과 땅의 총애를 받았으며, 나라의 자랑거리이며, 가장 행복한 인간이라는 생각에는 아직도 변함이 없습니다.

　학자의 책무가 다른 사람들은 그저 동경하기만 하는 성스러운 땅으로 그를 직접 인도합니다. 학자가 이룬 성공은 모든 이들에게 가장 순수한 기쁨을 느낄 수 있는 기회가 됩니다. 학자는 앞을 보지 못하는 사람들에게 두 눈이 되어 주고, 걸음이 불편한 이들에게는 두 발이 되어 줍니다. 학자의 실패조차도, 만약 그가 훌륭한 사람이라면, 더 높은 가치들을 추구하는 계기가 됩니다.

　또한 학자는 생각을 할 때마다 사람들의 보편적인 정신 속으로 자신의 영역을 확장하기 때문에, 학자는 한 사람이 아니라 여러 사람이라 할 수 있습니다. 제가 그들의 천재성에 대해 잘 알고 있는 각국의 몇몇 학자들은, 각자 한 개인이 아니라 하나의 사회라고 저는 생각합니다. 그래서 대단히 중요한 사건들이 일어날 때, 그 사건들의 영향을 받게 될 이 대표자들의 의견을 마치 국가의 의견처럼 중요하게 여깁니다. 또한 학자가 이룬 성과들을 다른 사람들에게 말로 전달할 수 없더라도 그 성과들이 학자 자신의 영혼 안에 담겨 있다면, 그 지식인은 영혼 속에 대단히 신성한 무언가를 가지고 있기 때문에 그의 존재와 연구 자체가 행운의 징조가 될 것입니다.

　그런데 '학자'라는 직업에 대해 상당히 다른 평가가 이 나라에 널리 퍼져 있음을 저는 알고 있습니다. 사회가 젊은이들에게 받아들이도록 집요하게 강요하는 주장은 지식인 문화를 바라보는 젊은이들의 시각을 잘못된 방향으로 이끄는 경향이 있다는 것입니다. 그로 인해 역사적인 실패가 벌어지고 있는데, 그 실패에 대해 유럽과 아메리카는 무척 자유롭게 비평해왔습니다.

미국은 인류의 합당한 기대라 여겨지는 것을 아직까지 실현하지 못했습니다. 봉건제封建制의 채찍과 밧줄이 모두 갈기갈기 뜯겨져 나갔을 때, 인류는 너무도 오랫동안 난쟁이들의 어머니 노릇을 했던 자연이 거인족에 의해 보상을 받을 거라 기대했습니다. 거인들이 이 대륙에서 웃으며 도약하고, 서쪽의 산들을 뛰어오르며 천재성과 사랑의 메시지를 전하길 바랐던 것입니다.

그러나 회화, 조각, 시, 소설, 웅변에 담긴 미국의 가치는 우아한 듯 보이지만 위대하다는 인상을 주지는 않는 것 같습니다. 또한 그 자체도 새로운 것이 아니라 다른 것에서 파생된 것입니다. 외형은 아름답지만 속은 비어 있는 꽃병과 같습니다. 그 비어 있는 꽃병을 누가 보든지 자기 안에 지혜와 개성으로 그것을 채울 수도 있지만, 아무도 그렇게 하지 않습니다. 하전荷電한 구름처럼 장엄한 아름다움이 넘쳐 모든 구경꾼들 위로 번개를 방출해야 하지만, 그러지 못합니다.

저는 한계들이 무엇인지, 현실의 원인들이 무엇인지 같은 여러 문제들을 두서없이 논하지는 않을 것입니다. 영혼에 대한 인류의 불신不信이 미국의 정신에도 스며들어 있다는 사실, 그리고 다른 곳과 마찬가지로 이곳에서도 사람들은 혁신을 추구할 마음이 없으며, 생산과 관련이 없는 사고思考의 활동보다는 오래되어 익숙한 것, 쓸모 있는 것, 물질적 안락함과 이득을 가져다주는 소유물을 더 선호한다는 사실 등을 전반적으로 이야기하는 것으로 저는 족합니다.

정신이 온전한 시간에는 사고의 활동은 합리적인 반면, 감각에 지배되는 것은 비이성적이라 인식됩니다. 학자는 학교에서, 그리고 말을 할 때, 자신을 잃어버리고서 현학자衒學者가 될 수도 있습니다. 그러나 자신의 책무를 온전히 이해할 때, 학자는 그 누구보다도 현실적인 사람이 되며 세상 만물과 소통하게 됩니다. 학자는 세상의 가르침을 받는, 세상의 가치를 배우는 학생이기 때문입니다. 학자의 가치는 그런 것이며, 학자의 소명은 그런 것이라고 세상이 인간의 영혼에게 강조하며 말하는 것을 배우는 학생이기 때문입니다.

시대의 요구와 이 기념일의 목적을 고려해 '문학의 윤리'라는 원칙을 중심으로 이야기하고자 합니다. 학자의 자원資源과 연구 과제, 수양 등 세 가지 주제로 나누어 그 원칙에 대한 제 생각을 말씀드리겠습니다.

학자의 자원과 영혼의 확신

학자의 자원은 지성知性의 특성들에 대한 확신에 비례합니다. 학자의 자원은 자연과 진리와 더불어 확장되지만, 그것들만큼 위대한 정신을 갖추고서 그 자원이 자신의 것이라 주장하지 않는 한, 그 자원은 절대 그의 것이 될 수 없습니다. 지성의 힘이 가지고 있는 무한성과 보편성을 경외심을 품고서 바라보지 않으면, 그는 그 자원의 실체를 알 수가 없습니다. 그 지적 능력이 자기의 것도 아니고, 그 누구의 것도 아니며, 그 자체가 세상을 만든 영혼이고, 그것을 자신이 온전히 받아들일 수 있다는 사실을 깨달아야 합니다. 그래야 학자는 비로소 그 영혼의 대리인으로서 자신이 그것에 종속되어 있으며, 관련되어 있는 모든 것들을 정당하게 취할 수 있음을 알게 됩니다.

그러면 자연의 신성한 순례자로서 그가 내딛는 발걸음마다 세상 만물이 그를 수행隨行합니다. 그의 머리 위로 성좌星座의 별들이 빠르게 흐르고, 시간도 흐릅니다. 그러나 별들도, 시간도, 달月과 해年로 거의 나누어지지 않습니다. 학자는 해年를 수중기처럼 들이마십니다. 향기로운 한여름의 숨을, 반짝이는 일월一月의 하늘을 마십니다. 그러면 역사의 중대한 사건들은 밝게 변하며 그의 정신 속으로 들어와 그에게서 새로운 질서와 등급을 부여받습니다. 그 자신이 세계입니다. 연대기年代記의 시대와 영웅들은 그림처럼 생생한 이미지가 되고, 그 이미지 안에서 그의 생각들이 표현됩니다.

인간의 영혼에서 비롯된 어딘가에서 생성되지 않은 사건이란 없으며, 따라서 인간의 영혼이 해석하지 못하는 사건도 전혀 없습니다. 정신의 예감은 모두 하나의 거대한 사실 속에 존재하는 어딘가에서 실행됩니다. 그리스, 로마, 영국, 프랑스, 세인트헬

레나가 그런 것 아니겠습니까? 교회들과 문학 작품들, 제국들이 그런 것 아닌가요? 새로운 인간이라면 자신이 새로운 존재이며, 유럽과 아시아, 이집트의 생각과 관습에 저당 잡혀 있는 세상에 태어나지 않았다고 느껴야 합니다. '영적 독립성'이라는 인식은 아름다운 이슬방울과 같습니다. 낡고 딱딱하고 활력을 잃은 대지와 그 대지가 오랫동안 생산해 낸 똑같은 산물들이 아침마다 그 윤기에 의해서 새로워지며, 그 예술가가 매만지는 마지막 손질에 의해서 반짝반짝 빛이 납니다.

그릇된 겸손 때문에, 즉 군림하는 학파學派들에 대한, 또는 지나간 시대의 지혜에 대한 순종 때문에, 현재의 시간에 대한 나의 절대적 소유권을 빼앗겨서는 안 됩니다. 자유에 대한 사랑과 자신의 완전성을 지키고자 하는 열망이 부족한 사람이 여러분과 저에게 무슨 영향을 미칠 수 있겠습니까? 그런 학자들에게는 이렇게 말하십시오.

"우리는 역사에, 피라미드에, 작가들에게 감사하듯이 당신에게도 감사를 표합니다. 그러나 이제는 우리의 시대가 왔습니다. 우리는 영원한 침묵을 깨고 다시 태어났습니다. 이제 우리는 우리 자신을 위해서 살아갈 것입니다. 장례식에서 운구運柩하는 사람이 아니라, 우리 시대의 옹호자이자 창조자로서 살 것입니다. 고대 그리스나 로마도, 아리스토텔레스의 삼일치三一致 원칙[1]도, 쾰른

---

1 아리스토텔레스는 『시학(詩學)』에서 '플롯(사건), 시간, 공간'을 연극의 '삼일치(Three

대성당[1]에 안치된 세 명의 동방박사들도, 소르본 대학[2]도, 「에든
버러 리뷰Edinburgh Review」[3]도 더 이상 우리에게 명령하지 못할 것
입니다. 이제 우리가 이곳에 있기 때문에, 우리는 세상 만물을 우
리 나름의 해석으로 이해할 것이며, 우리가 가진 것들을 통해서
해석할 것입니다. 순종하며 기뻐하는 자는 그렇게 살게 하십시
오. 그러나 나는 다릅니다. 내가 세상의 기준에 순종하는 것이 아
니라, 세상이 나의 기준을 받아들여야 합니다. 나는 호전적인 왕
에게도 이렇게 말할 것입니다."

"하나님께서 내게 이 왕관을 주셨으므로, 세상 그 무엇도 이 왕관
을 빼앗아 갈 수 없습니다."

역사와 전기傳記의 진정한 가치는 인간이 무엇이 될 수 있는지,
무엇을 할 수 있는지 실례를 들어 보여줌으로써 나의 자신감을
강화하는 데 있습니다.

우리에게 인간들의 이야기, 인간의 생각들에 대한 이야기
를 전해 주는 플루타르코스Plutarch[4], 커드워스Cudworth[5], 테네만

Unities) 원칙'이라고 주장했다.

1 독일 쾰른 시에 있는 가톨릭교 성당. 13세기 이탈리아에서 가져온 동방박사 3인의 유골
함을 안치하기 위해 건축되었다.
2 1257년, 신학자 로베르 드 소르봉이 프랑스 파리에 설립한 대학교.
3 1802년부터 1929년까지 스코틀랜드에서 발행되던 영국 최초의 평론 잡지. 자유주의적
관점의 다양한 문학 장르와 평론, 정치 비평 등이 발표되었다.
4 1세기에 활동한 고대 그리스의 역사가, 사상가. 고대 그리스의 영웅들에 대해 상세히 서
술한 『영웅전』과 60여 편의 수필을 담은 『모랄리아』로 유명하다.
5 랠프 커드워스(Ralph Cudworth, 1617~1688). 영국의 신학자, 윤리학자. 『영원불멸의 도
덕에 관하여』를 통해 자연적인 선악의 개념, 자발적이며 합리적인 삶을 강조했다.

Tennemann[1] 같은 사람들의 역할이 바로 그런 것입니다. 철학의 역사도 모두 그렇습니다. 철학의 역사는 내가 믿어 왔던 중요한 관념들이 축적된 문화가 아주 늦게 맺은 열매임을 보여줍니다. 파르메니데스Parmenides[2], 헤라클레이토스Heraclitus[3], 크세노파네스Xenophanes[4]처럼 가장 초기의 탐구자들이 직관을 통해 즉흥적으로 주장했던 것들이 이제야 최근의 칸트Kant[5]나 피히테Fichte[6]에게 전해졌음을 보여줍니다. 그럼으로써 나의 신념을 확고하게 만드는 것입니다.

이 학자들을 떠올려 보면, 영혼이 이렇게 속삭이는 듯합니다.

'다른 사람에게서 배우는 이런 나태한 학습보다 더 나은 방법이 있어. 제발 날 가만히 내버려 둬. 라이프니츠Leibniz[7]나 셸링

---

1 빌헬름 테네만(Wilhelm Tennemann, 1761~1819). 독일의 철학자, 역사가. 칸트 철학을 연구하며 11권으로 구성된 『서양 철학사』를 집필했다.
2 기원전 6세기에 활동한 그리스의 철학자. 소크라테스 이전 그리스의 주요 학파인 엘레나 학파를 세웠으며, 형이상학의 창시자로 평가된다. 존재와 현상의 개념을 다룬 『자연에 대하여』를 남겼다.
3 기원전 6~5세기에 활동한 고대 그리스의 철학자. 만물의 근원은 '불'이며, 우주 만물의 변화 과정에 인간의 인성과 비슷한 '로고스(logos)'가 작용한다고 주장했다.
4 기원전 6~5세기에 활동한 고대 그리스의 시인, 사상가. 전통적 그리스 종교관을 비판하면서 만물은 하나의 근원에서 비롯되었으며, 흙과 물로 구성되었다고 주장했다.
5 임마누엘 칸트(Immanuel Kant, 1724~1804). 독일의 철학자, 계몽주의 사상가. 경험론과 합리론을 종합해 독일 관념론의 철학 체계를 세움으로써 철학사에서 새로운 시대를 열었다. 『순수이성비판』, 『실천이성비판』 등 많은 저서를 남겼다.
6 요한 피히테(Johann Fichte, 1762~1814). 독일의 철학자. 칸트 철학을 공부하며 주관적 (초월적) 관념론 철학 체계를 세웠다. 나폴레옹 점령 하에서 행한 '독일 국민에게 고함'이란 연설로 유명하다.
7 고트프리트 라이프니츠(Gottfried Leibniz, 1646~1716). 독일의 철학자, 수학자. 기독교를 기반으로 철학을 연구했으며, 미분과 적분의 기초를 세워 수학 발전에도 기여했다.

Schelling[1]으로 날 가르치려 하지 마. 그러면 내 스스로 모든 것을 알아낼 테니까.'

위인전을 통해 얻을 수 있는 혜택 중에 신념의 강화보다 훨씬 더 중요한 것은 희망의 강화입니다. 인성人性의 힘을 알고자 한다면, 한번 생각해 보세요. 만약 여러분이 밀턴Milton[2], 셰익스피어Shakespeare, 플라톤Platon, 이 세 사람의 삶을 역사에서 완전히 꺼내어 그들이 존재하지 않게 만들 수 있다면, 세상을 얼마나 피폐하게 만들 수 있는지. 인간의 능력이 얼마나 미약해질 수 있는지 모르시겠습니까?

저는 제 사고의 빈약함에서 위안을 얻습니다. 위대한 인물들의 수가 적다는 사실에서, 국가들의 파괴적이고 무딘 속성에서 위안을 얻습니다. 이 숭고한 회상回想들에 의지하고, 다산多産의 영혼이 실제 자연 위에 무엇을 낳을 수 있는지 생각하면서, 그리고 플라톤, 셰익스피어, 밀턴이 부정할 수 없는 세 가지 사실임을 깨달으면서 위안을 얻습니다. 그러다가 저는 감히 이런 생각을 합니다.

'나도 그들처럼 되어 보자.'

가장 비천한 사람들이라도, 가장 절망적인 사람들이라도, 이런 빛나는 진실들을 보면서 이제는 계획을 세우고 희망을 품을 수 있습니다. 시끄럽게 울며 떠드는 안쓰러운 미숙아들이 거리에 넘쳐났고, 나태와 범죄가 있었고, 군대, 술집, 감옥이 있었지만, 그럼에도 불구하고 정신의 눈부시게 아름다운 현현顯現은 지금껏 존재해왔습니다. 그래서 저는 존재를 통해 훈계를 해준 위대한 형제들에게 진심으로 감사할 것이며, 저 역시 공정하고 용감해지기 위해, 열망하고 표현하기 위해 노력할 것입니다.

플로티노스Plotinus[1]와 스피노자Spinoza[2]를 비롯한 불멸의 철학 시인들이, 그리고 불굴의 용기로 그들이 상세히 기록해온 내용들이 저를 대담하게 만듭니다. 저는 더 이상 저의 하늘을 가로지르며 섬광처럼 나타나 반짝이는 환영幻影들을 성급하게 떨쳐내지 않을 것입니다. 그것들을 관찰하고, 그것들에 가까이 다가가고, 그것들을 제 안에 받아들여 품을 것입니다. 그리고 현재의 시간을 위해 진정한 삶을 과거로부터 끌어올 것입니다.

이 삶들의 온전한 가치를 느껴서 희망과 자극의 기회로 삼고자 한다면, 여러분은 이 존경스러운 천재들 개개인이 단지 밑바닥에 진주가 깔려 있는 바다에서 성공한 잠수부에 불과하다는 점을, 그리고 그 진주의 층이 모두 여러분의 것이라는 점을 깨달

---

1 로마제국의 철학자. 신플라톤주의 철학파의 창시자이다.
2 바뤼흐 스피노자(Baruch Spinoza, 1632~1677). 네덜란드의 철학자. '베네딕투스 스피노자'라고도 한다. 데카르트 철학을 연구했으며, 신학을 바탕으로 한 합리주의 철학 체계를 세웠다. 대표 저서로『기하학적 방식으로 다룬 윤리학』이 있다.

아야 합니다. 세상을 피폐하게 만든 과거의 철학은 개인의 차별성을 중시하며 인간의 보편적 속성은 간과했습니다.

영웅에 대한 존경심에 흠뻑 취해 있는 젊은이는 자신이 감탄하는 상像이 단지 자기 영혼의 투영投影에 불과하다는 사실을 깨닫지 못합니다. 그 열정에 휩싸인 젊은이는 외딴 마을에서 혼자 서성대며 한탄합니다. 이 잠들어 있는 자연 속에서 그는 열정 가득한 눈으로 샤를 5세 황제the Emperor Charles the Fifth [1]의 이야기를 읽고 있었습니다. 그러다가 그의 상상은 밀라노에서 희미하게 우르릉거리며 들려오는 대포 소리와 독일에서 군대가 행진하는 소리를 숲으로 둘러싸인 자신의 집으로 가져옵니다. 젊은이는 샤를 황제가 보낸 하루가 어땠을지 궁금해집니다.

'어떤 일들로 채워졌을까? 빡빡한 일정들, 단호한 결정들, 외국에서 보내온 공문들, 카스티야[2] 식 예법禮法으로 채워졌겠지?'

그 질문에 영혼이 대답합니다.

'그의 하루를 이곳에서 보아라! 이 숲의 한숨에서, 이 잿빛 들판의 침묵에서, 이 북쪽의 산맥에서 노래하고 있는 시원한 산들바람에서, 네가 만나는 일꾼들과 사내아이들과 처녀들에게서, 아침의 희망과 한낮의 권태감과 오후의 산보散步에서, 불안하게 만드는 비교比較에서, 용기의 부족함에 대한 후회에서, 원대한 생각

---

1 1364년부터 1380년까지 재위한 프랑스의 왕. 영국과 백년전쟁을 치르면서 영토 수호와 재건을 위해 힘썼다.
2 중세 카스티야왕국의 중심부. 현재 스페인 중부의 옛 지명이다.

과 보잘것없는 실천에서, 샤를 5세의 하루를 보아라. 또 하나의 하루이지만, 그래도 똑같다. 채텀Chatham[1], 햄던Hampden[2], 바야르 Bayard[3], 앨프레드Alfred, 스키피오Scipio[4], 페리클래스Pericles[5]의 하루를 보아라. 모두 여자들의 몸에서 태어난 사람들의 하루다. 다른 요소는 단지 의복뿐이다.'

나는 똑같은 삶을 맛보고 있습니다. 내가 다른 사람들의 삶에서 그토록 감탄하는 그 달콤함, 그 위대함, 그 고통 모두 나 역시 경험하고 있는 것입니다. 미련하게 그 이해할 수도 없고 흔적도 찾기 힘든 과거에 대해 묻지 마세요. 바이런Byron[6], 또는 버크 Burke[7]라고 불리는 그 시절의 인간에 관한 세부적인 내용에 대해

---

1 채텀 백작 윌리엄 피트(William Pitt, 1708-1778). 영국의 정치가. 인도와 북아메리카 식민지 확장에 기여했다. 의회 연설 중 졸도해서 사망했다.

2 존 햄던(John Hampden, 1594~1643). 영국 의회파 지도자. 국왕 찰스 1세의 선박세 징수에 반대하며 의회의 과세 권한을 주장했는데, 이를 계기로 영국에서 청교도혁명이 발생했다.

3 피에르 테라일 셍귀니엘 드 바야르(Pierre Terrail, seigneur de Bayard, 1473~1524). 프랑스의 군인. 영국, 스페인과 치른 많은 전투에서 용맹을 떨친 기사로, 당대 가장 유능한 전투 지휘관으로 평가받는다.

4 스키피오 아프리카누스(Scipio Africanus, BC 236~184[3]). 로마의 군인. 기원전 202년 자마전투에서 한니발의 카르타고 군대를 무찔러 2차 포에니전쟁을 승리로 이끌었다.

5 기원전 5세기에 활동한 고대 아테네의 정치가, 군인. 아테네 민주주의 발전과 제국으로의 도약을 이끈 지도자이다.

6 존 바이런(John Byron, 1723~1786). 영국의 해군제독. 식민지 개척을 위한 세계 일주 항해에 참여했으며, 서인도제도 총사령관을 지냈다. 낭만주의 시인으로 유명한 조지 바이런(George Byron, 1788-1824)이 그의 손자이다.

7 에드먼드 버크(Edmund Burke, 1729~1797). 영국의 정치인, 정치사상가. 대표 저서인 『프랑스혁명에 관한 성찰』에 반혁명 사상이 잘 표현되어 있다. 근대 보수주의 정치인의 원조로 평가받는다.

서는 대답을 구할 수 없습니다. 여러분을 감싸고 있는 현재에 대해 물으세요. 현재에 잠시 머물다 사라질 아름다움에 대해, 그 경이로운 편린片鱗들에 대해, 그 영적 목표들에 대해, 그 깜짝 놀랄만한 통일성에 대해 여러분이 보다 더 지혜롭게 탐구할수록 이 영웅, 저 영웅, 그리고 모든 영웅들의 일대기에 대해 훨씬 더 깊이 이해할 수 있습니다. 지혜와 정의로움을 통해 시대의 주인이 되세요. 그러면 여러분은 역사책들을 다시 서가에 꽂을 수 있을 것입니다.

사람들은 누군가 그들의 발전 가능성에 대해 함부로 한계를 규정할 때 마음의 상처를 입게 되는데, 이때 이 보편적인 권리들이 사람들의 마음에 가장 절실하게 와 닿습니다. 우리는 누군가로부터 우리의 진로進路에 놓여 있는 어떤 것들을 부정하는 비판을 듣게 되면 항상 불쾌하게 여깁니다. 학자에게 이렇게 말해 보세요.

"당신은 예수의 변형變形을 묘사하는 그림 하나 그릴 수 없고, 증기선 한 척 건조할 수 없으며, 군대의 원수가 될 수도 없습니다."

그래도 그 학자는 자기가 멸시를 당한다는 느낌을 받지 않을 것입니다. 그러나 그의 문학적 소양이나 추상적 사고 능력을 부정하는 말을 하면, 그는 분개합니다. 비교가 무의미한, 스토아철학에서 말하는 일종의 플레넘plenum [1] 같은 천재성을 가지고 있다

---

1 '가득 차다'를 뜻하는 라틴어에서 유래한 말. 지식, 영감, 능력 등이 부족함이 없는 상태를 의미한다.

고 인정하면, 그는 만족해합니다. 그러나 그의 천재성을 부인하면서 별로 드물지 않은 재능들을 가지고 있다고 인정해 주면, 그는 화를 냅니다. 이것은 무엇을 의미할까요? 본능과 예감에 의해 영혼은 이미 습득한 특별한 기술들뿐만 아니라, 영혼의 빛이 나아가는 방향에 있는 모든 능력에 대해 확신을 가지고 있다는 의미입니다.

학자의 자원에 대해 제대로 알고자 한다면, 우리는 변변치 않은 성과들의 활용에 만족해서는 안 됩니다. 이런저런 업적을 이루었다고 말로 표현하는 능력에 안주해서도 안 됩니다. 우리는 가장 높고 뛰어난 힘을 섬기고, 변치 않는 사랑과 관망을 유지하면서 최대한 그 절대적 진리의 이상理想 속으로 들어가야 합니다.

지적 능력의 성장은 누구에게나 예외 없이 비슷한 양상으로 이루어집니다. 지적 성장은 더 광범위한 수용입니다. 전반적으로, 유능한 사람들은 훌륭한 성향을 가지고 있으며, 공정성을 존중합니다. 왜냐하면 유능한 사람이란 결국 선하고, 자유롭고, 열정적인 성향을 모두 갖춘 유기체이며, 그 안으로 보편적 정신이 자유롭게 흘러들기 때문에, 그의 축적된 공정성은 방대할 뿐만 아니라 무한하기까지 합니다. 일반적으로, 사람들은 모두 공정하고 선합니다. 개개인이 공정하거나 선하지 못한 것은 유한하고 개별적인 것들이 보편적 진실을 일시적으로 압도하기 때문입니다. 사적私的 자아自我 안에 담긴 우리 영혼의 화신은 보편적 존재의 법칙을 배제하기보다는 사적 법칙을 좇아 개인적인 충동에 따라 행동하는 습성을 가지고 있는 듯합니다.

영웅은 보편적인 본성의 힘에 지배됨으로써 위대해집니다. 그가 입을 열기만 해도 말이 되어 나오고, 힘에 이끌려 움직이면 그것이 행동이 됩니다. 모든 이들이 그의 말을 이해하고 진심으로 그의 행동을 포용합니다. 진실로, 그의 말과 행동이 그의 것인 동시에 모든 이들의 것이기 때문입니다. 그런데 사람들 안에 있는 '과도한 조직화'라는 질병이 그들을 속여서 영웅의 것과 대등한 성과들을 빼앗아가는 것입니다.

위대함만큼 단순한 것도 없습니다. 사실, 단순해지는 것이 위대해지는 것입니다. 머리로 이해하려는 노력이 너무 과하지 않도록 절제하고, 즉흥적인 감정에 최대한의 특권을 허락해야 천재성이 발현됩니다. 생각 안에서 살아 움직이는 생산적인 모든 것들이 바로 여기에서 비롯됩니다. 사람들은 자명한 이치라는 방앗간 안에서 계속 방아를 찧습니다. 그러면 방아에 집어넣은 것만 나올 뿐, 다른 것은 나오지 않습니다. 그러나 관습을 버리고 자발적인 사고를 취하는 순간에 시, 재치, 희망, 미덕, 학식, 일화 등 모든 것들이 한꺼번에 나와서 그들을 도와줍니다.

즉석 토론에서 벌어지는 현상을 주목해서 보세요. 교양을 갖추었지만 자신을 잘 드러내지 않는 한 남자가 집회에 참석해 조용히 앉아 연설을 듣고 있습니다. 그 남자는 연설자의 자유롭고도 열정적이며, 표현력이 풍부한 연설을 들으면서 마치 기적을 목격한 듯 감탄합니다. 그 천성과 능력! 자기와 어찌 그리 다른

지! 이내 그 자신의 감정이 입술까지 올라와 말을 하고 싶은 마음이 굴뚝같습니다. 그 남자도 일어서서 뭔가를 말해야만 합니다. 일단 시작하면, 일단 상황의 낯설음을 극복하면 연설을 하는 것이, 생각들을 담아 생생한 묘사와 설명을 곁들이고 문장들을 리듬감 있게 조율하면서 말하는 것이 가만히 앉아 있는 것만큼이나 쉽고 자연스럽다는 사실을 깨닫게 됩니다. 뭔가를 할 필요가 없이 그저 받아들이기만 하면 되기 때문입니다. 그의 안에서 즐겁게 스스로를 표현하는 자유로운 영혼에 자신을 맞추기만 하면 됩니다. 행동하는 것은 쉬는 것만큼이나 쉽습니다.

학자의 과제
- 정신의 자립, 새로운 문학의 추구

이제 이 나라의 지식인들에게 부여된 과제에 대해 논해 보겠습니다. 학자의 자원들과 관련하여 제가 취했던 견해가 이 주제의 전반적인 전제前提가 됩니다. 우리는 그 자원의 풍성함에 대해 상상해 본 적이 없는 것 같습니다. 우리는 그 자원이 건네는 초대장에 주목해 본 적이 없습니다. 영국인들만큼 훌륭한 학자가 되는 것, 동시대인들만큼 학식을 쌓는 것, 읽을 만한 책을 썼다는 것에 우리는 만족합니다. 우리는 모든 생각이 이미 오래 전에 책에 충분히 기록되었고, 모든 상상들이 시로 표현되었다고 믿습니다. 그래서 우리는 우리가 하는 말을 첨가하더라도 이 완성되었다고 가정하는 문학의 총체를 확증하는 것에 불과하다고 생각합니다. 참으로 천박한 믿음입니다. 오히려, 모든 문학은 아직 써지지 않았다고 말해야 합니다. 시문학詩文學은 첫 번째 노래조차도 아직 완성하지 않았습니다. 자연이 우리에게 전하는 영원한 훈계는 바로 이것입니다.

'세상은 새롭고 경험해 보지 못한 것이다. 과거를 믿지 말라. 내가 오늘 처녀지인 세상을 너희에게 보내노니.'

우리는 라틴어와 영어 시문학의 영향으로 꽃, 새, 산, 해와 달 같은 자연을 찬미하는 오라토리오oratorio[1] 안에서 태어나고 길러졌습니다. 그러나 이 시대의 자연 학자라면 자신이 그들의 시들을 전부 읽더라도 이 자연의 고귀한 것들에 대해 아무 것도 모른다는 사실을, 그리고 지금까지 자신이 알고 있었던 것은 단지 그 모든 것들의 표피와 외양일 뿐, 그것들의 본질, 또는 역사에 대해 아무 것도 모른다는 사실을 깨닫게 됩니다.

조금만 더 탐구해 보면 아무도, 심지어 자연을 노래했던 이 시인들조차도 자신들이 찬양하는 이 멋진 자연의 참된 모습에 대해 알지 못했다는 사실이 드러날 것입니다. 그 시인들은 지나가

---

1 성서를 기초로 만든 일종의 종교 오페라. 바흐의 「마태수난곡」, 헨델의 「메시아」, 하이든의 「천지창조」 등이 대표적인 오라토리오이다.

는 새 한 마리의 지저귐에 만족했고, 한두 번의 아침을 보았으며, 해 질 녘의 석양을 무심히 바라보았던 것이며, 언뜻 눈에 띈 이 몇 가지 모습들을 자신들의 시에 건성으로 반복해서 표현했던 것입니다. 하지만 여러분이 숲속으로 들어가 보면, 지금껏 묘사되지 않은 처음 보는 온갖 것들을 발견하게 될 것입니다.

밤하늘을 날아가는 기러기들의 새된 울음소리, 추운 겨울날 들려오는 붙임성 좋은 박새의 가냘픈 노랫소리, 공중 높은 곳에서 싸우다가 마치 빗방울처럼 풀잎과 나뭇잎들 위로 후두두 떨어지는 파리 떼의 낙하 소리, 나무에 둥지를 튼 새들이 화가 난 듯 씩씩대는 소리, 다음 백년의 번성을 위해 꽃가루를 내뿜는 소나무, 그 나무에서 배어나오는 송진, 그리고 정말로 그 어떤 식물이든, 어떤 동물이든 그 모든 것이 예외 없이 한 번도 묘사된 적이 없는 것들입니다. 해변에 서 있는 사람, 또는 숲속을 거니는 사람은 지금껏 최초로 그 해변에 섰던 또는 숲속에 들어갔던 사람과 다를 바 없기 때문에, 그의 느낌과 그의 세상은 너무도 고귀하고 생소한 것입니다.

시를 읽는 동안, 저는 아침과 저녁에 대해 새로운 것을 전혀 말할 수 없을 거라 생각합니다. 그러나 직접 동틀 녘의 세상을 볼 때 저는 호메로스Homeros[1], 셰익스피어, 밀턴, 초서[2]가 그린

---

1 고대 그리스의 시인. 고대 서사시의 걸작인 『일리아스』와 『오디세이아』의 저자로 추정된다.
2 제프리 초서(Geoffrey Chaucer). 중세 영국 최대의 시인. 근대 영시의 창시자로, '영시의 아버지'라 불린다. 『트로일루스와 크리세이드』, 『선녀 전설』을 거쳐, 중세 이야기 문학의 집대성이라고 할 대작 『캔터베리 이야기』(1393~1400)로 중세 유럽 문학의 기념비를 창조하였다.

그림들을 떠올리지는 않습니다. 그런 그림들이 아니라 완전히 다른 세상, 아직 인간의 사고에 의해 정복되지 않은 세상의 고통이 느껴지는 듯합니다. 또는 그 촉촉하고, 따뜻하고, 반짝이고, 새싹처럼 신선하고 아름다운 음악과 같은 시간에서 기운을 얻습니다. 그 시간은 제 영혼의 좁다란 벽을 타고 내려와서 그 생명력과 파동을 저 멀리 지평선까지 확장합니다. 밝게 빛나는 시간을 맞이하기 위해 이 병약한 육신의 포로 신세에서 벗어나게 하는 것, 그리고 자연만큼 넓어지는 것, 그것이 바로 아침입니다.

대낮에도 어두운 아메리카 숲, 그 깊고 메아리가 울리는 원시 그대로의 숲에서 참나무와 잣나무들은 지난 천년을 살았던 나무들의 잔해를 뚫고 마치 살아 있는 기둥인 냥 우뚝 솟아 있습니다. 그곳에서 쉼 없이 해가 바뀌는 동안 독수리와 까마귀는 그 어떤 침입자도 본 적이 없습니다. 소나무들은 야생 이끼를 수염처럼 달고 있지만, 발치에 피어난 제비꽃들 덕분에 우아함이 묻어납니다. 광활하고 추운 저지低地에서는 땅 밑 결정체의 정적과 더불어 물안개가 외투를 두르듯 수면으로 피어오릅니다.

그곳에서 여행자는 접근을 허용하지 않는 그 습지의 고유 식물들에 둘러싸인 채 유쾌한 두려움을 느끼면서 멀리 떨어져 있는 마을을 생각합니다. 해와 달이, 눈과 비가 다시 색칠하고 변화를 주는 이 길들여지지 않은 야생의 아름다움은 지금껏 단 한 번도 예술로 표현되지는 않았지만, 그 어떤 나그네라도 무관심하게 지나칠 수는 없는 것입니다.

사실 사람들은 모두 시인입니다. 사람들은 생계를 위해 자연에 순응하지만, 때론 자연의 매력에 압도되기도 합니다. 나이아가라 폭포를 찾아가는 이 긴 여행들, 코네티컷의 화이트 힐스 White Hills로 떠나는 이 순례자들은 무엇을 의미할까요? 사람들은 항상 변화에 맞춰 몸이 환경에 적응한다고 믿습니다. 산에서는 우리의 눈이 산의 환경에 맞게 변한다고 믿게 되는 것이지요. 의심할 바 없이 지질地質의 변화는 우리 집 채마 밭에 심은 옥수수와 완두콩의 성공적인 발아發芽와 관련이 있습니다만, 그에 못지않게 구름 사이로 희미하게 보이는 아지오코축Agiocochook[1]의 높은 바위 봉우리들과 나의 영혼은 미美로 관련을 맺고 있습니다. 이런 이야기를 하면 모든 이들이 기뻐하며 경청하지만, 정작 그들 자신이 자연과 나눈 대화는 여전히 노래로 불리지 않습니다.

문명의 역사는 이와 다를까요? 충분히 오래 산다면 모든 이들이 스스로 역사를 기록할 거란 점은 우리의 경험이 주는 교훈이 아닌가요? 그게 아니라면, 학자라면 누구나 쓰는 발췌와 주해를 담은 이 모든 책들이 시사하는 바가 무엇이겠습니까?

제가 받아들이는 그리스 역사와 여러분이 받아들이는 그리스 역사는 다른 것입니다. 니부어Niebuhr[2]와 볼프Wolf[3] 탄생 이후, 로

---

1 미국 뉴햄프셔 주에 있는 워싱턴 산(Mt. Washinton)의 옛 이름이다. 아지오코축은 원주민 말로 '위대한 정신의 집'을 뜻한다.
2 바르톨트 니부어(Barthold Niebuhr, 1776~1831). 독일의 역사학자. 사료 비평 방식으로 역사를 연구해 3권으로 구성된 『로마사』를 집필했다.
3 프리드리히 볼프(Friedrich Wolf, 1759~1824). 독일의 고전학자. 근대 문헌학의 창시자로, 『호메로스에 붙이는 서문』을 발표했다.

마와 그리스의 역사는 새롭게 기록되었습니다. 칼라일Carlyle이 프랑스의 역사를 쓴 이후, 우리가 알고 있는 그 어떤 역사도 확실히 믿을 만한 것은 못 되며, 새로운 분류 학자가 등장해서 역사를 새롭고 보다 철학적인 관점으로 정리할 거란 사실을 우리는 깨닫게 되었습니다. 투키디데스Thucydides[1]와 리비우스Livy[2]는 단지 자료를 제공하는 역할을 했을 뿐입니다. 천재성을 가진 어떤 사람이 펠라스기, 아테네, 에트루리아, 로마 사람들의 이름을 언급하는 순간, 우리는 새로운 관점에서 그들의 모습을 보게 됩니다.

시문학과 역사 분야뿐만 아니라 다른 학문 분야에서도 마찬가지입니다. 완전히 통달한 대가大家는 극히 드물거나 한 명도 없습니다. 종교 역시 아직까지도 인간의 가슴 속에 단단한 기초를 쌓고 정착하지 못했습니다. 그리고 정치, 철학, 문학, 예술 역시 마찬가지입니다. 지금까지도 우리는 경향과 암시 외에는 아무것도 가진 게 없습니다.

결코 깨지지 않는 자연의 법칙으로부터 가장 빼어난 문학 작품들이 멀어지고 왜곡되는 현상은 특히 철학 분야에서 두드러집니다. 어떤 허위虛僞의 목소리를 내든 그대로 내버려둔다면, 결국 철학은 이런 복잡한 양상으로 흘러갈 겁니다. 프랑스의 절충

---

1 기원전 5세기에 활동한 아테네의 군인, 역사가. 아테네와 스파르타의 전쟁을 다룬 『펠로폰네소스 전쟁사』를 저술했다.
2 티투스 리비우스(Titus Livius, 기원전 59~서기 17년). 로마의 역사가. 전체 142권으로 구성된 『로마사』를 집필했다.

주의(折衷主義; Eclecticism)[1]를 예로 들면, 쿠쟁Cousin[2]은 그것을 명백한 진리라고 믿고 있지만, 실상 그 안에는 착시錯視를 일으키는 요소가 있습니다. 대단한 허위가 있음이 저절로 드러납니다. 온갖 학설들을 다 취하기 때문에 마치 그 안에 모든 진리가 담겨 있는 듯 보입니다. 그리고 아무 것도 하지 않고 그저 채에 받치고 물로 씻어서 걸러내면 마지막 여과기 안에 금과 다이아몬드가 남게 될 듯이 보입니다.

그러나 진리는 신기루처럼 사라지거나 교활한 도망자처럼 언제든 빠져나가는 것이며, 어디에 옮기거나 담을 수 있는 상품이 아니기 때문에, 진리를 파악하기란 빛을 붙잡는 것만큼이나 고통스러운 일입니다. 빛을 전부 방안에 가둬 두려고 아무리 빨리 문을 닫아도 소용이 없습니다. "멈춰!"라고 외치기도 전에 사라져 버립니다. 바로 이런 일이 우리의 철학에서 지금 일어나고 있습니다. 모든 학설들을 번역하고, 대조하고, 수정해 보았자 여러분에게 전혀 도움이 되지 않습니다. 진리는 그런 소극적인 방식으로 취할 수 있는 것이 아니기 때문입니다.

그러나 여러분의 진실한 본성의 작용 안에서 세상을 관찰한다면, 아무리 사소한 것이라도 처음 보자마자 자연과 인간을 바라보는 새로운 시야가 열릴 겁니다. 그리고 그 새로운 관점은 마치

---

1 철학과 신학에서 서로 다른 사상 체계의 학설들을 선택적으로 취해서 진리의 완결성을 추구하는 방식.
2 빅토르 쿠쟁(Victor Cousin, 1792~1867). 프랑스의 철학자, 교육 개혁가. 체계적 절충주의를 주장하며 철학 체계를 감각론, 관념론, 회의주의, 신비주의 등으로 분류했다.

용매溶媒처럼 그 안에 담긴 모든 이론들을 용해시킬 것이고, 그리스와 로마의 사상, 스토아철학, 절충주의 등 모든 것을 단지 분석을 위한 자료와 자양분으로서 받아들일 것이며, 세계를 담고 있는 여러분의 사고 체계를 아주 작은 하나의 독립체로 분류할 것입니다.

심오한 사상은 어디에서든지 모든 것들을 분류합니다. 심오한 사상은 올림포스 산도 들어 올릴 것입니다. 철학을 담은 책은 단지 하나의 사실에 불과합니다. 다른 사실들처럼 영감을 주는 하나의 사실일 뿐, 그 이상도 이하도 아닙니다. 현명한 사람이라면 결코 그것을 어떤 최종적이며 초월적인 것으로 높이 떠받들지는 않을 것입니다. 천재성을 지니고 있는 사람과 대화를 나눠 보세요, 그러면 그가 말하는 첫마디에 여러분이 가지고 있는 소위 '지식'이라고 하는 것은 전부 모호하고 체화되지 않았음이 드러납니다. 그런 사실을 깨닫자마자 플라톤, 베이컨, 칸트, 절충주의의 쿠쟁은 몸을 낮추며 평범한 인간, 단순한 사실들이 될 것입니다.

저는 이 철학자들, 또는 현존하는 그 어떤 사상 체계의 가치를 폄하하기 위해 이런 말을 하는 것은 결코 아닙니다. 다만, 그 어떤 특정한 초상화가 어떤 식으로든 새로운 시도를 배척하거나 방해하는 것은 아니며, 영혼에 의해 평가될 때는 일그러지고 위축된다는 점을 말씀드리는 것입니다. 영혼의 홍수는 급류가 짚단과 초가집을 덮치듯, 그 앞에 놓여 있는 지성과 기억으로 지은 우리의 초라한 건물을 휩쓸어 버립니다.

지식인들의 작품들은 서로 비교될 때만 위대하다고 말할 수 있습니다. 「캐슬 라드클리프Castle Radcliffe」와 「포터Porter」 소설들을 「아이반호Ivanhoe」, 「웨이벌리Waverley」와 비교할 때 그렇게 평가할 수 있지요. 그러나 절대 이성의 옆에 놓으면 그 어느 것도, 심지어 그 유명한 호메로스와 밀턴마저도 위대하지 않습니다. 절대 이성은 그 모두를 홍수처럼 휩쓸어 버립니다. 그 모든 것들은 하룻밤의 잠과 같습니다.

공정함은 그렇게 각 세대와 개인에게 실현됩니다. 지혜는 인간에게 자신의 선조들을 증오하거나 두려워하거나 흉내 내지 말라고 가르칩니다. 마치 세상이 늙어버린 냥, 사고가 다 소모된 냥, 만물의 망령亡靈 속에 태어난 냥, 한탄하지 말라고 가르칩니다. 왜냐하면 신성神性의 미덕에 의해 사고는 매일 지칠 줄 모르고 저절로 새로워지며, 사고가 밝게 비추는 사물은 비록 그것이 먼지와 모래라 하더라도 무수히 많은 관계들을 맺고 있는 하나의 새로운 주제가 되기 때문입니다.

학자가 품어야 할 꿈과 삶의 법칙

지금까지 학자의 자원과 과제에 대해 말씀드렸는데, 이제 앞에서 밝힌 믿음을 바탕으로 학자의 열망과 삶의 법칙에 대해서도 이야기하겠습니다. 학자는 세상이 그의 것임을 알아야 합니다. 그런데 학자는 만물의 전체적인 성격과 조화를 이루면서 세상을 소유해야 합니다. 학자는 고독하고, 근면하며, 겸손하고 관대한 사람이어야 합니다.

학자는 신부新婦를 안 듯 고독을 껴안아야 합니다. 학자는 자신의 환희와 슬픔을 오롯이 혼자서 느껴야만 합니다. 스스로의 평가가 충분한 척도가 되어야 하며, 스스로에 대한 칭찬이 충분한 보상이 되어야 합니다. 그런데 왜 학자는 고독하고 과묵해야 할까요? 그래야 자신의 사고들과 친숙해질 수 있기 때문입니다. 외딴 곳에 있더라도 군중과 자기 과시를 갈망하며 괴로워한다면, 그는 그 외딴 곳에 있는 것이 아닙니다. 그의 마음은 시장에 가 있습니다. 그러면 그는 보지 않으며, 듣지 않으며, 생각하지 않습니다.

여러분의 영혼을 소중히 품으며, 동료와 친구들에게서 벗어나고, 여러분의 습관들을 고독한 삶에 맞추세요. 그러면 많은 능력들이 마치 숲의 나무들과 들판의 꽃들처럼 여러분의 내면에서 아름답고 충만하게 솟아날 것입니다. 여러분은 그로 인해 결실을 맺을 것이며, 여러분이 다른 사람들을 만날 때 그 결실에 대해 이야기할 수 있을 것이고, 그들도 기쁘게 그 결실을 받아들일 것입니다. 언제든 대중 속으로 돌아갈 수 있을 거라 생각하며 고독에 빠져서는 안 됩니다. 그런 고독은 스스로를 거부합니다. 그런 고독은 사람들 속에 있는 것과 마찬가지이며, 생명력이 없는 것입니다.

대중은 대중적 경험을 얻을 수 있습니다. 그럼에도 대중은 저 잣거리에서의 삶이 그들에게서 빼앗아간 그 개인적이고 진실하며, 신성한 경험들을 학자가 자신들에게 되찾아 주길 소망합니다. 그런 소망과 역할은 고결하고, 인간답고, 정당한 사고이며, 여러분에게 요구되는 우월성입니다. 그리고 이런 숭고한 자격은 군중이 아니라 고독이 가져다주는 것입니다. 필수적인 조건은 공간적 고립이 아니라 정신의 자립입니다. 정원, 오두막, 숲, 바위는 정신의 자립을 물리적으로 보조할 때만 가치가 있습니다. 홀로 생각하세요. 그러면 모든 공간들이 여러분에게 도움이 되고 신성해질 것입니다.

도시에서 살아온 시인들도 은자隱者일 수 있습니다. 어디에 있든 영감靈感이 고독을 가능케 합니다. 핀다로스Pindar[1], 라파엘로Raphael[2], 안젤로Angelo[3], 드 스탈De Stael[4]은 사람들 속에 섞여 살더라도 생각이 떠오르는 순간에는 그들의 눈에서 사람들의 모습이 점차 희미해집니다. 그들의 시선은 지평선 위, 텅 빈 공간에 고정됩니다. 옆에 있는 사람들은 잊습니다. 개인적인 관계들은 물리

---

1 기원전 5세기에 활동한 고대 그리스의 시인. 승리를 축하하는 합창용 송가인 에피니키온의 대가로 인정받는다.
2 라파엘로 산치오(Raffaello Sanzio, 1483~1520). 르네상스 시대 이탈리아의 화가. 고대 그리스의 유명 학자들이 모여서 연구하는 모습을 상상해서 그린 「아테네 학당」이 유명하다.
3 안젤로 폴리치아노(Angelo Poliziano, 1454~1494). 메디치 가문의 보호를 받으며 이탈리아 피렌체에서 활동한 학자. 뛰어난 희랍어, 라틴어 실력을 바탕으로 고전을 연구하고 교육에 힘써 르네상스 시대를 이끌었다.
4 제르멘 드 스탈(Germaine de Stael, 1766~1817). 프랑스와 스위스에서 활동한 여류 작가. 시, 소설, 희곡, 비평 등 다양한 장르의 작품을 발표한 신고전주의, 낭만주의 대표 작가이다.

칩니다. 그들은 개념들, 진실들, 새로운 생각들에 집중합니다. 그들과 함께하는 것은 정신뿐입니다.

물론 저는 고독에 대해 그 어떤 미신을 가지고 있지는 않습니다. 젊은이들에게 고독과 사회의 효용을 알려 줍시다. 고독과 사회를 신봉하는 것이 아니라 활용하게 합시다. 천재성을 가지고 있는 사람이 사회를 꺼리는 이유는 결국 사회에 대해 알기 위함입니다. 진실을 사랑하기에 거짓을 거부하는 것입니다. 사회가 오랫동안 여러분에게 가르칠 수 있는 그 모든 것을, 여러분은 금세 배울 수 있습니다. 사소하고 틀에 박힌 사회의 일상, 무도회, 연주회, 승마, 연극 관람 같은 무한 반복되는 그 복잡한 생활 속에서는 여러분이 배울 수 있는 것이 별로 없습니다.

그러니, 진정한 본성이 여러분에게 전해 주는 부끄러움과 영적 공허감과 허약함의 느낌을 그대로 받아들이고서 뒤로 물러나 몸을 숨기세요. 문을 잠그세요. 덧문을 봉하세요. 그런 다음 감옥의 창살처럼 내리는 비를, 소중한 자연 속 은둔의 삶을 반갑게 맞으세요. 흐트러진 마음을 다시 모으세요. 홀로 기도하고 찬미하세요. 과거의 경험을 반추하고 바로잡으세요. 그런 다음 그것을 새롭고 신성한 삶과 섞어 하나로 만드세요.

여러분, 제가 이런 말씀 드리는 것을 양해바랍니다. 저는 보다 엄격한 학자의 규범이 필요하다고 생각합니다. 금욕주의, 다시 말해 오직 학자 자신의 절제와 헌신으로만 실천할 수 있는 일종의 수행修行이 필요합니다. 우리는 양지陽地에서 외양外樣을 중시하며 열정도 없이 그럴싸하게 허울뿐인 존재로 살아갑니다. 그러면서도 우리는 뮤즈와 예언자에 대해, 예술과 창조에 대해 이야기합니다. 그런데 우리의 그런 얄팍하고 천박한 삶의 방식에서 어떻게 위대함이 성장할 수 있겠습니까?

자, 이제 모두 침묵합시다. 두 손으로 우리 입을 가리고 앉아서 오랫동안 이어질 엄숙한 피타고라스학파의 재계식齋戒式[1]을 준비합시다. 하나님을 사랑하는 눈과 심장을 가지고 외딴 곳에서 살면서 일상의 허드렛일을 하고, 고뇌하며, 눈물을 흘리고, 힘든 노동을 버텨냅시다. 침묵, 은둔, 금욕은 우리 존재의 위엄과 비밀 속으로 깊이 파고들 수 있습니다. 그리고 그렇게 깊이 들어가면서 세속의 어둠으로부터 숭고한 도덕적 성향들을 꺼내올 수 있습니다. 사교 파티나 정치 모임에 화려한 나비처럼 차려 입고 나가서 사교계의 얼간이, 평판 나쁜 바보, 신문에 실릴 화젯거리, 거리의 한 구석에 대해 열변을 토한다면, 그러면서 집에서 직접 만든 투박한 코트의 진정한 특권, 은둔, 시민으로서의 진실하고 따뜻한 마음을 상실한다면 이 얼마나 천한 모습일까요!

지식인에게 치명적인, 인간에게 치명적인 것은 자기를 과시하고자 하는 욕망, 우리의 존재를 파괴하는 가식입니다. 그런 과시

---

1 고대 그리스의 철학자이자 수학자인 피타고라스(기원전 582~507)를 따르는 학파를 '피타고라스학파'라고 하는데, '수(數)'를 만물의 기본이라고 여겼으며, 환생, 신비주의, 채식주의, 무소유 등 독특한 믿음을 가지고 있었다. 이 글에서 재계식(lustrum)은 이들이 몸을 씻고 금식을 하던 의식을 뜻한다.

욕과 가식에 빠진 사람들이 성취하기 위해 노력하는 주요 목표의 오류는 문학을 하는 사람들에게 자주 발생합니다. 문학을 하는 사람들은 인간의 창조물들 중 가장 미묘하며, 가장 강력하고, 가장 오랫동안 살아남은, 그리고 사고와 공정성의 무기로 사용하기에만 적합한 '언어'라는 도구를 다룹니다. 그리고 이 멋진 동력 기관을 가지고 논다고 자랑하는 법만 배우다가, 결국 그것을 제대로 다루지 못함으로써 언어로부터 그 무한한 능력을 빼앗아 버립니다. 세상이 부여한 직무들을 스스로 내던지면, 세상은 이 불완전하고, 현학적이며, 쓸모없는 유령과도 같은 피조물들의 어리석음을 언제 어디에서나 드러냄으로써 앙갚음을 합니다.

학자라면, 지금까지 엮어진 것들 중 가장 고귀하고, 아름다운 마음과 영혼이 담긴 소설인 가장 멋진 로맨스가 인간의 삶 속에 담겨 있음을 느낄 것입니다. 인간의 삶은 그 자체로 귀중한 가치가 있기 때문에, 인간의 창조물들을 위한 가장 풍성한 재료이기도 합니다.

학자는 애정, 공포, 의지, 운명 같은 삶의 비밀들을 어떻게 알게 될까요? 삶에서 퍼져 나오는 차원 높은 음악의 선율을 학자는 어떻게 알아듣고 기억할 수 있을까요? 그 삶의 법칙들은 세세한 일상의 행위들 아래에 감추어져 있습니다. 모든 행위가 그 법칙들의 영향을 받는 실험입니다.

학자라면 인간이 짊어져야 하는 짐들 중에서 자기 몫을 감당해야만 합니다. 학자는 집에 있는 사람들과 함께 일해야 하고,

책에 있는 사람들의 이름과 일을 해서는 안 됩니다. 그의 갈망, 욕구, 재능, 사랑, 성취, 이 모든 것이 인간의 삶이라는 아름다운 박물관의 문을 열어 주는 열쇠입니다. 인생의 달콤함과 쏩쓸함이 바로 자신의 고동치는 가슴 속에 있음을 모른 채, 왜 아라비아의 이야기를 읽듯이 삶을 읽어야 할까요?

사랑과 증오에서, 벌어들인 것과 빌린 것과 빌려주는 것과 손해 본 것에서, 질병과 고통에서, 구애와 숭배에서, 여행과 투표와 관찰과 보살핌에서, 치욕과 멸시에서, 우리는 그 거룩하고 아름다운 법칙들을 배웁니다.

학자는 그 가르침을 대충 흘려들어서는 안 됩니다. 확실하게 배워서 기억할 수 있어야 합니다. 성실하게, 용감하게, 즐겁게 노력해서 그의 앞에 놓인 인생의 문제들을 풀 수 있어야 합니다. 그리고 그런 해결은 약속이나 꿈이 아니라, 시의적절한 행동에 의해서만 가능합니다. 하나님을 믿는 것처럼 그 가장 위대한 힘들의 존재와 은혜를 믿으면서 하위의 법칙들도 엄격히 지킴으로써, 그 은혜를 받을 자격을 갖추고 그것을 받아서 활용하는 법을 배워야 합니다.

이 시대의 한 위대한 행동가의 삶에서 이 교훈을 확실하게 배울 수 있을 뿐만 아니라, 그가 성공한 이유도 그 교훈을 통해 이해할 수 있습니다. 나폴레옹은 진정으로 최근에 일어난 위대한 혁명을 대표하는 인물이며, 하나님의 은총이 있다면 이 나라에서 우리가 그 혁명을 완수하게 될 것입니다. 저는 나폴레옹이 포로가 되었을 때, 영국인들에게 보여주었던 그의 기질이 현대의 역사에서 대단히 교훈적이고 의미 있는 대목이라고 생각합니다.

나폴레옹이 벨레로폰Bellerophon 호[1]에 승선하자 갑판 위에 정렬해 있던 영국 병사들이 그에게 받들어총 자세로 예를 표했습니다. 나폴레옹은 그들이 무기를 다루는 방식이 프랑스식과 다르다는 사실을 알고는, 가장 가까이에 있던 영국군의 소총을 옆으로 제치면서 한 병사에게 걸어갔습니다. 그러고는 그 병사의 소총을 낚아채더니 직접 프랑스 군대 방식으로 동작을 취해 보였습니다. 영국군 장교들과 사병들은 깜짝 놀라며 그 동작을 지켜보았고, 황제인 나폴레옹이 항상 그렇게 다른 사람들을 허물없이 대하는지 물었습니다.

물론 결점이나 부도덕한 면을 가지고 있기도 했지만, 항상 그랬듯이 이 경우에도 나폴레옹은 권위를 내세우지 않고 직접 행동으로 보여주었던 것입니다. 아주 오랫동안 봉건주의와 오리엔탈리즘은 아무것도 하지 않아야 위엄이 있다고 생각했습니다. 그러나 현대의 위엄은 실행에서 비롯됩니다. 나폴레옹은 지금 전 세계적으로 급속히 수가 증가하고 있는 부류에 속해 있었습니다. 이 부류에 속한 사람들은 스스로 실행할 수 있는 것이 바로 자신의 가장 큰 명예이며, 언제나 실행을 통해 자신의 가치를 평가받는다고 생각합니다.

---

1 1815년 나폴레옹이 워털루 전투에서 패하고 세인트헬레나 섬에 유배될 때 승선했던 영국군 군함.

나폴레옹은 운명을 믿는 사람이 아니었습니다. 대신 그는 눈에 보이는 것을 믿듯이 목적 달성을 위한 수단의 적용에 대해 굳은 신념을 가지고 있었습니다. 수단과 목적의 당위성은 그의 모든 행동을 결정하는 좌우명입니다. 나폴레옹은 고대의 위대한 지휘관들이 오로지 정확한 조합을 통해서, 그리고 수단과 결과, 노력과 장애 사이의 관계를 정확하게 비교함으로써 위업을 실현했다고 믿었습니다. 보통사람들은 행운을 바라지만, 사실 그 행운은 천재성의 신중한 계산에 의해 만들어지는 것입니다. 그런데 나폴레옹은 현실에 무척 충실하면서도 이 최고의 장점까지 갖추고 있었습니다. 수와 무게를 신뢰하며 어느 것 하나 신중하게 고려하지 않은 것이 없었지만, 그러면서도 자유를 믿었고, 가늠할 수 없는 영혼의 힘도 믿었던 것입니다.

나폴레옹은 지극히 신중한 사람이었기 때문에 전쟁을 준비하는 과정에서, 그리고 끈기 있게 적응하는 과정에서 극히 사소한 부분까지도 소홀히 하는 법이 없었습니다. 그러면서도 자신의 모든 것에 대해 신뢰하듯이 용감한 돌진의 결과에 대해 완전한 확신을 가지고 있었으며, 자신의 운명에 대한 믿음도 가지고 있었습니다. 그리고 그 확신 덕분으로 적절한 순간에 피해와 손실을 회복하면서, 마치 저항할 수 없는 우레로 내려치듯이 기병대와 보병부대, 왕과 황제까지 모두 격파했던 것입니다.

나무의 가지는 잎의 특성을 가지고 있고, 나무 전체는 가지의 특성을 가지고 있다는 말이 있듯이 흥미롭게도 나폴레옹의 군대는 지휘관의 이중=重의 힘을 공유하고 있었습니다. 군이 결정한 대로 모든 보급품이 정확히 공급되었고, 측면과 중앙에 포진한 모든 소대들의 용기와 규율은 기대하는 만큼 유지되었습니다. 그와 더불어 놀라운 행운의 순환에 대한 나폴레옹의 절대적 믿음도 흔들리지 않았습니다.

그 결과 그가 이끄는 제국의 군대는 전투에서는 패하더라도 여전히 전투 능력을 갖추고 있었습니다. 이런 점에서 나폴레옹은 탁월하다 할 수 있습니다. 그는 더 이상 대포의 명중 가능성을 계산하지 않았습니다. 그는 최대한 전술에 충실했습니다. 그는 모든 전술을 다 써 본 다음에, 세상에서 가장 무시무시한 병사들의 강력한 공격력을 최대한 키워서 활용했습니다.

학자도 이 선물들의 조합이 얼마나 귀중한 것인지 깨닫고, 그것을 더 나은 목적에 활용해서 진정한 지혜를 얻어야 합니다. 학자는 만물을 드러내어 보여주는 사람입니다. 학자는 무엇이든 가장 먼저 배워야 합니다. 어떤 보상의 증표를 움켜쥐고 싶은 욕망 때문에 꼭 해야 할 일을 생략하는 실수를 범하지 않아야 합니다. 거래의 성공은 보상에 있지만, 진정한 성공은 실행 그 자체임을 학자는 알아야 합니다. 조용히 혼자서 자기 마음을 충실히 따르고, 날이 바뀌고 해가 바뀌어도 변함없이 성실히 탐구함으로써 세상의 실체에 대해 배워야 합니다.

또한 모든 수단을 활용하되, 소박한 상거래와 검소한 소비를 존중하면서 세상과 삶이 들려주는 이야기를 경청하고, 그럼으로써 사고와 삶의 상호 작용을 통해 자신의 사고를 충실히 키우고, 삶을 지혜롭게 살아야 합니다. 또한 옳다고 시끄럽게 떠들어대는 현재의 목소리들을 경시해야 세상의 숨겨진 의미를 배울 수 있고, 그 진의眞義를 밝힐 수 있는 진정한 실력의 성취가 가능함을 깨달아야 합니다. 사실, 이런 수련에 의해서 육체적 감각들의 전횡이 극복되고, 인간이 가진 하위下位의 능력들이 쉽게 길들여지며, 그런 경지에 올라야 장애물이 없는 운하를 통과하듯 영혼이 거침없이 술술 흐르지 않겠습니까?

홀륭한 학자라면 젊은 시절의 고생을 마다하지 않을 것입니다. 할 수만 있다면, 그는 기꺼이 수고로움과 인내의 중요한 의미를 알고자 할 것입니다. 자신의 두 손이 흙과 친숙해지도록 만들어 흙에서 먹을 것을 구할 것이며, 안락과 호사豪奢보다 더 소중한 땀의 의미를 알고자 할 것입니다. 학자는 자신의 십일조를 지불해야 하며, 진실하고 고귀한 인간으로서 세상에 이바지해야 합니다. 또한 불멸의 신성神性들에 대한 숭배도 결코 잊어서는 안 됩니다. 그 신성들이 시인의 귀에 속삭이며 그를 영겁永劫의 귀를 파고드는 멜로디의 소리꾼으로 만들기 때문입니다.

수련과 영감, 이 두 가지 미덕을 갖게 된다면 학자는 건강해집니다. 하나의 조각이 아니라 완전한 존재가 됩니다. 또한 그가 가진 재능의 완벽성은 그의 창작물에도 드러날 것입니다. 실제로 이 두 가지 미덕은 항상 대가大家들의 작품들에 투영됩니다. 천재성을 지닌 사람은 하나님 또는 순수한 정신과, 교육을 받지 못한 다수의 사람들 사이에 있는 공간을 전부 채워야 합니다.

학자는 한편에서는 무한한 이성으로부터 힘을 얻어야 하며, 다른 한편에서는 대중의 마음과 의식을 꿰뚫어보아야 합니다. 한편으로부터는 자신의 힘을 이끌어내야 하고, 다른 한편으로는 자신의 목표를 세워야 합니다. 한쪽은 그를 실체와 결합시키고, 다른 쪽은 현상과 결합시킵니다. 한쪽 끝에는 이성理性이 있고, 다른 쪽 끝에는 상식常識이 있습니다. 학자가 이 저울의 양 끝 중 어느 하나라도 결함을 가지고 있다면, 그의 철학은 수준이 낮고 현실적 이득만을 중시하는 듯 보이든지, 아니면 너무 모호하고 막연해서 현실에 적용할 수 없는 듯 보일 수 있습니다.

우리 모두가 줄곧 견지하듯이, 학자는 위에 존재하는 영혼에 순종해야만 위대해집니다. 그의 모든 행동이 이 믿음에 근거해야 합니다. 많은 함정과 유혹들이 그를 잘못된 길로 이끌려고 하더라도, 학자는 흔들리지 않아야 합니다. 성공은 그 자체에 위험도 내포하고 있습니다. 그의 지위 안에 어떤 부적절하고 해로운 것들이 있습니다.

그의 생각들이 품어 왔거나 자극해 왔던 사람들이 사고의 힘든 조건들은 알지도 못한 채 그를 찾아와 묻습니다. 그 사람들이 학자를 찾는 이유는, 학자가 자신의 등불을 켜서 난해한 수수께끼들을 비출 수도 있을 거라 기대하기 때문입니다. 그들은 그 수수께끼들의 해답이 자신들의 존재를 둘러싼 벽들 위에 새겨져 있다고 생각하는 것이지요. 그러나 결국 그들은 학자 역시 자신들과 마찬가지로 무명실로 바느질한 빛바랜 외투를 걸친 가난하고 무지한 사람임을 알게 됩니다. 끊임없이 빛줄기를 방출하지는 못하고 그저 시시때때로 지적인 생각이 잠시 빛처럼 나타났다가 다시 완전한 암흑이 뒤따를 뿐입니다. 뿐만 아니라 그 학자는 휴대용 양초를 어디로 들고 다니든지 어쩌다 한 번 가능한 각성의 불로는 그 양초를 켤 수 없으며, 그래서 이 어려운 수수께끼는 이렇고 저 수수께끼는 저렇다고 설명할 수도 없습니다.

슬픔이 뒤따릅니다. 그 학자는 순진한 소년들의 희망에 찬물을 끼얹은 것 같아 자신이 원망스럽습니다. 그리고 젊은이는 새롭게 열정적으로 불타오르던 그의 창공에서 별 하나를 잃어 버렸습니다. 그 결과 학자는 모호하게 얼버무리려는 유혹에 빠집니다. 만물의 신탁이 없는 상태에서 질문을 듣고 생각하고, 말로 설명하며 답을 하려 합니다. 그런 유혹이 있더라도 학자는 냉정하며 거짓이 없어야 합니다. 그리고 진리는 침묵마저도 설득력 있고 기억할 가치가 있게 만들 수 있다는 사실을 명심하면서 참고 기다려야 합니다. 학자에게는 진실이 최선의 방책이 됩니다. 학자는 모든 진지한 질문에 대해 가슴을 열어야 하며, 예술의 기교들에 현혹되지 않는 예술가가 되어야 합니다.

성인聖人이 그러하듯이, 여러분의 경험과 방식들, 도구들, 수단들을 있는 그대로 솔직하게 내보이세요. 여러분에게 다가오는 모든 이들이 그것들을 마음껏 활용하도록 허락하세요. 그러면 보다 우월한 솔직함과 관대함으로부터 여러분은 자신의 본성이 가지고 있는 보다 차원 높은 비밀들을 배우게 될 것이며, 신들은 여러분에게 가까이 다가와 여러분이 잘 소통하도록 도와줄 것입니다.

확신을 가지고서 그렇게 자기 자신을 낮출 수 있다면, 학자는 방해와 손실이라 느껴졌던 시간으로부터 풍성한 보상이 마음속으로 쏟아져 들어온다는 사실을 알게 될 것입니다. 학자는 자신과 잘 맞지 않는 동료들 때문에 괴로워해서는 안 됩니다. 잠깐 스쳐지나가거나 마주치는 다양한 부류의 사람들이 여러분과 반대되는 의견을 표현할 수 있습니다. 그러나 그런 유쾌하지 않은 반목 때문에 여러분이 얼마나 많은 생각을 하게 되었는지 깨닫는다면, 완벽한 합의가 이루어진 사회에는 그 어떤 말도, 행동도, 기록도 존재하지 않을 것임을 쉽게 상상할 수 있을 것입니다. 무슨 글을 읽든, 무슨 행동을 하든, 그것은 그다지 중요하지 않다는 사실을 알게 될 것입니다.

학자가 되십시오. 그러면 모든 것에서 학자의 몫을 받게 될 것입니다. 상인은 출납 창고에서 들고나는 화물이 가죽인지 소다회인지 크게 신경 쓰지 않습니다. 거래 내역이든, 신용장이든, 화물의 운송이든, 무엇이 됐든, 그의 수익은 그 일에서 자연스럽게 들어오기 때문입니다. 이와 마찬가지로, 그것이 집중을 요하는 업무든, 시간 낭비나 다름없는 일이든, 심지어 지루한 책을 읽든, 자신 또는 다른 사람들의 생계를 위해서 어쩔 수 없이 기계적으로 일을 하든, 여러분도 그 시간과 목표로부터 배움을 얻게 될 것입니다.

젊은 학자에게 필요한 신념

여러분, 지금까지 학자의 본분과 희망에 대한 제 생각들을 여러분에게 말씀드렸습니다. 지금 이 대학교의 문턱에 서 있는 여러분 다수가 그렇듯이, 사회로 진출해 이 나라에서 공적이거나 사적인 여러 가지 직무를 수행할 준비를 하는 단계에서는 지식인들의 가장 중요한 임무들에 대해 충고를 들어도 유감스럽게 여기지는 않을 것입니다. 또한 여러분의 새로운 동료들의 입을 통해서는 그런 충고를 거의 듣지 못할 것입니다. 그렇기 때문에 제가 이런 말씀을 드린 것입니다.

앞으로 여러분은 매일같이 속된 처세에 관한 조언들을 듣게 될 것입니다. 가장 먼저 할 일은 땅을 사고, 돈을 벌고, 지위와 명성을 높이는 것이라는 말을 들을 것입니다. 사람들은 조롱하듯 여러분에게 물을 것입니다.

"당신이 추구하는 이 진리라는 게 뭡니까? 이 아름다움이 대체 뭐죠?"

그러나 그 누가 뭐라 하든, 하나님께서 진리와 아름다움을 추구하라 여러분에게 명하신다면, 용감하게 확신을 가지고 충실하게 따르세요.

"다른 사람들이 하듯이 나도 해야겠어. 유감스럽지만, 이제까지 품었던 이상理想은 포기할 거야. 나도 땅의 아름다운 소산所産을 먹어야 하니까, 배움과 낭만적인 꿈은 보다 더 적절한 시기가 올 때까지 잊고 지내야겠어."

여러분이 이렇게 말하는 순간, 여러분 안에 존재하는 인간은 죽습니다. 그 순간, 수많은 사람들 안에서 이미 죽어버린 예술과 시와 과학의 싹들은 여러분 안에서 또 한 번 사멸해 버립니다. 그런 선택을 하는 순간이 바로 여러분 인생의 위기입니다. 그러므로 반드시 여러분 자신을 지성으로 단단히 묶어 놓아야 합니다. 속물적인 세상의 이런 오만한 성격 때문에 학문의 대표자들이 극히 드물어지는 것입니다.

세상의 평가를 받는 것이 아니라 세상을 평가하는 것이 지식인의 책무요, 권리입니다. 자연의 모든 사물로부터 여러분에게로 흘러들고 있는 설득의 목소리에 귀 기울이고, 그 소리를 인간의 마음에 말로 전달하는 혀가 되어, 순간의 아름다움이 어떻게 지혜가 되는지 어리석은 세상에 보여주세요. 지나친 권리 요구가 시대와 국가의 악이라는 사실을 명심하면서, 우리 함께 그림자를 쫓아가며 무관심 속에 버려져 있는 지혜를 찾아봅시다. 희미한 한 줄기 빛에도 만족한다면, 그 빛은 여러분의 것이 될 것입니다.

탐구하고, 또 탐구하세요. 끊임없이 진실을 추구해야 하는 여러분의 본분 때문에 세상 사람들이 비난을 하거나 혹은 아첨을 하더라도 신경 쓰지 마세요. 독단獨斷에 빠져서도 안 되고, 다른 사람의 독단을 받아들여서도 안 됩니다. 왜 땅과 집, 축사 같은 성급한 안락함을 좇느라 별빛이 빛나는 진리의 사막을 횡단할 여러분의 권리를 포기해야 하나요? 진리에도 지붕과 침대와 식탁은 있습니다. 세상에 꼭 필요한 존재가 되세요. 그러면 인류가 여러분에게 빵을 줄 것입니다. 쌓아 놓을 만큼 많지는 않더라도, 결코 모든 인간들의 소유물들, 모든 인간들의 애정, 예술, 자연, 희망 안에 있는 여러분의 몫을 빼앗아가지는 않을 것입니다.

제가 너무 가혹한 금욕주의를 강요하고 있다는 생각에 두려움을 가질 필요는 없습니다. 계획적으로 은거하는 학자라는 게 무슨 소용이 있느냐고 묻지 마세요. 자신이 이룬 업적을 숨기는 자와, 기대하고 있는 세상으로부터 자기 생각들을 감추는 자 중에 누가 학자로서 더 낫느냐고 묻지 마세요. 자기 생각을 감춘다고요! 차라리 해와 달을 가리지요.

사고思考는 빛으로 가득하기 때문에, 저절로 온 세상에 퍼집니다. 여러분이 입을 다물고 있더라도 여러분의 사고는 기적처럼 놀라운 그 자체의 발성 기관으로 말을 할 것입니다. 여러분의 행동들, 태도들, 얼굴에서 생각이 흘러나올 것입니다. 여러분의 사고가 친구들을 만들어 줄 것입니다. 여러분의 생각이 관대한 인간들의 사랑과 기대를 걸고서 진실을 지킬 것이며, 여러분을 맹세하게 만들 것입니다. 하나뿐인 완벽한 그 자연의 섭리에 힘입어 그 생각이 영혼 속에 존재하는 진실로 가치 있는 것들을 땅과 하늘의 사랑을 받는 학자에게 전부 내어 줄 것입니다.

오늘의 강연을 마치겠습니다.

4

자연의 섭리
The Method of Nature

1841년 8월 11일, 메인 주 워터빌 대학교(Waterville College) 아델피협회(Society of Adelphi)에서 행한 강연

Ralph Waldo Emerson's Greatest Speeches

Ralph Waldo Emerson

물질만능주의와 영적 권능의 상실

여러분, 이번 문학 기념일이 주는 기쁨과 희망에 대해 함께 축하의 인사를 나눕시다. 우리가 살고 있는 이 나라는 무엇이 부족한지 아는지 모르는지, 이성과 사상의 시대에 걸맞은 헌신에 대해서는 그다지 관심이 없습니다. 통찰력이 없는 곳에서는 사람들이 퇴락합니다. 학자들은 세상의 토대를 세우는 그런 중요한 사고思考의 사제司祭들입니다. 그들의 특수한 업무나 전문 영역이 무엇이든지 간에, 학자들은 세상의 정신적 관심을 대표합니다. 따라서 미국처럼 물질적인 관심이 지대한 나라에서 학자들이 자신들의 직무를 소홀히 한다면, 그것은 모두의 재앙이 아닐 수 없습니다.

우리는 기계, 상업, 실용적인 기술 성과들에 대해 너무나도 많은 이야기를 듣습니다. 우리는 풋내기이며, 줏대 없이 쉽게 흔들리는 사람들입니다. 탐욕, 우유부단, 따라 하기는 우리의 고질병입니다. 무역을 통해서, 또는 끊임없는 인구 증가와 기술 발전에 힘입어 우리 사회의 많이 사람들이 급속히 부를 축적하고 있는 모습은 다른 모든 이들의 시선을 사로잡고 있습니다. 한 사람의 행운은 수천 명의 희망이 되고 있으며, 그 유혹은 마치 금광이 발견된 마을에서처럼 농장, 학교, 교회, 가정, 그리고 인간의 육체와 특성까지도 쇠락시키고 있습니다.

근면한 공업 도시나 상업 지역을 부정적인 시선으로 바라보고자 하는 것은 아닙니다. 저는 수차水車의 아름다운 소리를 무척 좋아합니다. 철도의 가치를 높이 평가하며, 선박의 모습을 보며 자부심을 느낍니다. 또한 상거래와 기계를 다루는 모든 기술을 교육만큼이나 중요하게 여깁니다. 그러나 저는 여기에서 귀중한 가치를 지닌 것을 명확히 구분하고자 합니다. 이 각각의 성과들 안에는 발명이라는 행위, 지적인 진보, 또는 일련의 짧은 진보의 과정이 담겨 있습니다. 그리고 그 행위와 진보는 정신적인 행위인 반면, 다른 나머지는 모두 무수히 반복되는 똑같은 행동일 뿐입니다.

그러므로 저는 결과물이 아무리 화려하더라도 학자들이나 성직자들의 틀에 박힌 일상을 보고 감탄하지 않듯이, 수공업자와 기계공들의 틀에 박힌 일상을 훌륭하다고 여기는 우愚를 범하지는 않을 것입니다. 천재성이 부족한 사람들의 노동에서 나온 그 화려한 결과물들은 그들의 의지보다 더 차원 높은 법칙들이 낳은 열매이기 때문에, 결과를 보고서 그런 일상적 행위를 칭찬할 수는 없는 것이지요.

저는 노동자가 성과물의 제물로 바쳐지게 하지는 않을 것입니다. 저의 편익과 자부심은 물론이고, 저와 같은 다수 계층에 속한 사람들의 편익과 자부심을 위해서도 노동자를 희생시키지는 않을 것입니다. 면직물의 질이 더 나빠지더라도 인간들은 더 훌륭해지기를 바랍니다. 직공織工은 자기 일에 대한 자신의 우월한 권능을 빼앗겨서는 안 됩니다. 자신의 지식에 대해서도 마찬가지입니다. 그 일과 지식이 자신의 영적 특권을 구현하지 않는한, 생산물이나 생산 기술은 아무런 가치가 없기 때문입니다. 낱개에서 감탄할 만한 점이 전혀 보이지 않는데, 그것이 백만 개가있다고 해서 제가 감탄하겠습니까?

사람들은 도시를 보고 경외심을 느끼지만, 시민 개개인에 대해서는 전혀 존경심을 가지고 있지 않습니다. 또한 다수가 내놓은 이 휘황찬란한 결과물에 대해서는 줄곧 인정을 하고 있지만, 어떤 사람이 됐든 개인의 독립적인 사례에 대해서는 절대 인정하려 들지 않습니다.

많은 사람들이 서로를 깎아내리고 있으며, 실망만을 안겨 주는 주장들을 퍼뜨리고 있지만 그럼에도 학자는 희망의 전달자가되어야 하고, 인간에게 자기를 극복할 새로운 힘을 주어야 합니다. 사람들이 자신들이 가지고 있는 가능성에 눈을 뜬다면, 우리의 문학 기념일이 언제든 더욱 중요한 의미를 띠게 될 거라 저는확신하곤 합니다. 이곳에서 새로운 구분 체계, 새로운 사상 체계가 퍼져 나갈 것입니다. 이곳에서 우리가 부(富)의 사회적 존경에 대한 범위를 설정할 것이며, 법과 교회의 권한에 대한 한계를 정하게 될 것입니다.

오늘로써 편협한 자들은 자신의 편견을 버려야만 합니다. 우리의 특권적인 영역 안으로 권력은 끼어들 수 없습니다. 또한 현존하는 사회 제도들을 가장 완고하게 옹호하는 사람이라 하더라도, 이 공기의 엄청난 인화성이 모든 방면에서 역사를 구성하는 조직들을 기본 원칙까지 회복시킬 수도 있는 열기를 응축시키고 있음을 느끼고 있습니다. 단단하다고 해서 안정이 보장되는 것은 아무것도 없습니다. 모든 것이 기울어지고 흔들립니다. 심지어 학자도 안전하지 않습니다. 학자 역시 면밀히 조사를 받고 수정을 요구 받습니다. 그의 학식은 죽어 있지 않은가? 자신의 추억 속에서 살고 있지는 않은가? 정신의 힘은 파괴가 아니라 생명입니다.

앞으로 나오라. 그대 호기심 많은 아이여! 그대 사랑스럽고 모두가 소망하는 시인이여! 이리 오라. 그대 미숙하고 의심 많은 이여! 세상의 시장에서 그대에게 꼭 맞는 곳을 아직 찾지 못했으니, 그대가 사거나 팔 수 있는 물건은 하나도 없지. 그대의 사랑과 야망은 너무도 크니, 시간은 그들의 것이 아니라 그대의 것이라네. 그대의 매끈한 이마, 그 위에는 희망과 사랑이 있지. 다정한 하늘이 그대가 정당하다 인정하며, 그대가 옳다는 것을 온 세상이 느끼기 때문이라네.

우리는 고결한 환희의 표현들로 이 시간을 경축해야 합니다. 그 어떤 감사의 표현으로도, 기도로도, 우리의 그 무한한 수용受 容과의 교류에 대해 명명命名하기에는 충분히 고귀하지도, 적합 하지도 않은 듯합니다. 그 고맙고도 완전한 받아들임은 자기 순 서가 되면 베푸는 입장이 됩니다. 일정 부분, 그리고 유아기에는 받아들이는 존재가 바로 모든 것을 주는 존재이기 때문입니다. 저는, 그리고 그 어떤 사람도 그토록 고결한 것들을 정확하게 말 로 표현할 수는 없습니다. 그러나 저는 인간의 지혜, 힘, 기품, 성 향, 기술 등은 하나님의 은총이자 형상形狀이라고 생각합니다. 그 것은 설명이 불가능합니다. 모든 것이 말로 표현되고 실행된다 면, 황홀경에 빠진 성자聖者만이 유일한 논리학자로 밝혀질 것입 니다.

우리 입술에 어울리는 것은 충고나 주장이 아니라, 기쁨과 찬 양의 노래입니다. 그러나 지나친 찬사는 어울리지 않습니다. 우 리는 마음 깊은 곳에서 우리가 경배하는 것과 너무도 밀접하게 연결되어 있기 때문입니다. 기원祈願의 언어를 더 위대한 사고로 검사하는 것은 우리 안에 계신 하나님입니다. 마음 깊은 곳에서 하나님의 말씀이 들립니다.

'나는 존재한다. 그리고 나로 말미암아 너의 아름다운 육체와 너 의 세상이 유지되고 성장한다. 나는 존재한다. 모든 것이 나의 것 이며, 나의 모든 것은 너의 것이다.'

인간과 자연의 관계

지성의 축제, 그리고 그 축제의 근원으로의 복귀는 언제나 흥미로운 '인간과 자연'이라는 주제들을 부각시킵니다. 우리는 오래된 결핍을 떠올릴 수밖에 없습니다. 인간은 없습니다. 지금껏 인간은 없었습니다. 지성은 아직까지도 묻고 있습니다. 인간이 태어날 수 있는지. 생명의 불꽃은 인류의 가슴 속에서 무기력하게 깜빡거릴 뿐입니다. 우리는 우리 자신이 찾지 않는 완벽성과 보편성을 사람들에게 강요합니다. 위인들은 우리를 만족시키지 못합니다. 위인들을 남들과 다르게 만드는 것은 그들의 힘이 아니라, 그들의 고독입니다. 위대한 인물들에게는 뭔가 부족하고 지루한 면이 있습니다. 그들은 딱할 정도로 하나의 사고에 묶여 있습니다. 그 위인들이 예언자들이라면, 자만심이 강합니다. 예의바르고 다양한 성향을 가지고 있다면, 그들은 깊이가 없습니다.

어떤 결과에 도달하기까지 사람들은 얼마나 더딘지요!

또 그 결과에서 다른 결과로 옮겨 가기까지 얼마나 더딘지요!

투명한 구球와도 같은 인간의 사고는 지구의 지질 구조만큼이나 동심원적同心圓的입니다. 지구의 흙과 바위들이 층층이 같은 중심축 위에 겹쳐져 있듯이, 인간의 생각들도 모두 수평적으로 작동하지, 절대 수직적으로 작동하지는 않습니다.

한 뛰어난 조사관이 천공기穿孔機와 다림줄을 들고 이곳을 찾아옵니다. 우리의 관습과 이론들에 구멍을 내고 찬정鑽井[1]을 뚫어 만물의 핵심까지 관통하려고 합니다. 그런데 그 조사관이 지표면을 검사하며 천공기와 다림줄을 바라보는 순간, 철학자는 온갖 저항에도 불구하고 마치 어떤 강한 바람이 발치에 있는 모든 것을 휩쓸어 버린 듯이 수평 방향으로 이동합니다. 그래서 여러분이 다달이 그곳을 찾아와 우리의 혁신가가 얼마나 진척을 이루었는지 보면, 그는 한 치도 파내려가지 못한 채, 여전히 같은 장소의 똑같은 암맥과 지각 위에서 이곳저곳을 왔다 갔다 하면서 말만 새롭게 바꾸고 있음을 발견하게 됩니다. 그의 새 책에는 '내가 자연의 문을 여는 열쇠를 너희에게 줄 것이다.'라고 적혀 있기 때문에, 우리는 마치 천둥번개처럼 순식간에 중심으로 나아갈 수 있을 거라 기대합니다. 그러나 천둥번개는 지표면의 현상이며, 조금의 홈집밖에 내지 않습니다.

'현자賢者'라는 사람들도 그와 같습니다. '쐐기'라고 알고 있던 것이 사실은 잔대 뿌리임이 드러납니다. 편집광적인 집착은 두어 달 안에 참을 수 없을 정도로 지루해지기 때문에, 사람이 오래 버티지 못합니다. 책이나 사람이 모두 그렇습니다. 그런데도, 그럼에도 우리는 새로운 책을 집어 들거나, 새로운 사람을 만날 때마다 항상 가슴 뛰는 기대감을 품게 됩니다. 그리고 보다 더 능력 있는 해석자에 대한 꺾이지 않는 이 희망은 그의 출현에 대

---

1 지하수가 지표 이상으로 분출하는 우물. 지표 이상으로 분출하지 않더라도 수위가 우물 속 대수층의 상면보다 높으면 '자분정'이라 한다.

한 확실한 예견입니다.

사람이 없으면, 우리는 바로 옆에 있는 자연에 의지합니다. 신성한 순서 안에서 지성이 첫째요, 자연은 둘째입니다. 그것이 정신의 기억입니다. 한때 지성 안에서 순수한 법칙으로서 존재하던 것이 이제는 '자연'으로서 형태를 취한 겁니다. 그 순수한 법칙은 이미 정신 속에 용해된 상태로 존재해 있었습니다. 그리고 이제 그것은 침전되었고, 그 밝게 빛나는 침전물이 바로 세계입니다.

자연 안에서 우리는 결코 낯설거나 열등한 존재일 수 없습니다. 자연은 우리 살의 살이고, 우리 뼈의 뼈입니다. 그러나 우리는 더 이상 자연을 손에 쥐고 있지 않습니다. 우리는 기적과도 같은 능력을 상실했습니다. 우리의 팔은 더 이상 서리만큼 강하지 않습니다. 우리의 의지도 더 이상 중력과 자기력에 필적하지 않을 겁니다. 그럼에도 우리는 자연을 하나의 편리한 기준으로서, 그리고 우리의 상승과 하강을 가늠하는 척도로서 활용할 수 있습니다. 자연은 증명하는 존재로서 이런 우월성을 가지고 있기 때문에, 그 무엇도 자연의 순수성을 해칠 수 없습니다. 인간이 저주를 퍼부을 때조차도 자연은 진실과 사랑을 증언합니다. 그러므로 자연 속에 담긴 정신은 우리가 안심하고 탐구해도 됩니다. 정신 속의 자연은 우리가 오래 계속 응시할 수 없기 때문입니다. 우리 눈이 태양의 직사광선을 감당할 수는 없더라도, 연못에 비친 태양의 얼굴은 탐구할 수 있는 것과 같은 이치입니다.

그래서 저는, 우리가 '자연의 섭리'를 탐구하면서 이 시간을 경건하게 기념한다면 적절한 찬가가 될 거라 생각합니다. 최대한 면밀하게 자연의 섭리에 대해 살펴보고, 그것이 얼마나 깊이 학자의 삶으로 전이될 수 있는지 판단해 봅시다. 배우기 위해서 주위의 현실들에 던지는 우리의 진지한 시선들은 모두 신성한 충동에서 시작되며, 그 자체로 진정한 찬양의 노래입니다. 그것이 충고의 형태든, 열정적인 외침의 형태든, 학문적인 진술의 형태든 무슨 차이가 있을까요? 이것들은 단지 형태일 뿐입니다. 그 형태들을 통해 결국 우리는 하나님께서 이렇게 저렇게 행하셨다는 사실을 표현할 뿐입니다.

너무 방대한 주제를 다룰 때 우리는 필연적으로 직관에 의존할 수밖에 없으며, 설명하기보다는 제안하는 것을 더 큰 목표로 삼아야 합니다. 그렇기 때문에 보다 범위가 좁은 주제들을 다룰 때 확보할 수 있는 정밀성을 바탕으로 말하기는 쉽지 않다는 점을 저는 알고 있습니다. 저는 인간을 그리고자 하더라도 허황되고 감정이 없는, 도저히 있을 수 없는 유령으로 묘사하고 싶지는 않습니다. 물리적 사실들과 인간의 한계들을 한시라도 간과한다면, 저의 두 눈과 귀가 항변할 것입니다.

그럼에도 누군가 자연의 진정한 이치를 상상하며 눈에 보이는 것들이 보이지 않는 것들에서 비롯된다는 사실을 이해하고서 자신의 생각을 표현하면, 물리의 법칙들을 공부하는 사람들은 항상 그 사람이 자신들의 권리를 부당하게 침해한다고 느낍니다.

소통의 수단에는 본질적인 결함이 존재합니다. 언어는 과장을 합니다. 무한無限한 것에 대해 말을 하면, 대개 사람들은 그것이 유한有限한 것에 대한 부당하고도 모독적인 언사라고 느낍니다.

"내가 신이다!"라고 말했을 때, 엠페도클레스Empedocles[1]는 명백히 자신의 진실한 생각을 밝힌 것이지만, 그 말이 그의 입에서 나오는 순간 사람들의 귀에는 거짓말로 들렸습니다. 그래서 세상은 그의 신발에 관한 재미있는 이야기를 만들어냄으로써, 그의 오만해 보이는 태도에 대해 앙갚음을 했습니다. 영적인 사실들을 밝히고자 할 때, 어떻게 제가 엠페도클레스보다 더 나은 운명을 기대할 수 있을까요? 그렇지만, 우리가 그 진리를 받아들이는 만큼 진실한 사람들 모두가 우리가 하는 말이 정당하다고 느낄 것이라고 기대해 봅시다.

자연의 섭리와 엑스터시

자연의 섭리. 그 누가 그것을 분석할 수 있을까요? 그 세찬 흐름은 우리가 지켜볼 수 있게 멈추는 법이 없습니다. 우리는 결코

---

1 기원전 5세기에 활동한 그리스의 철학자. 만물이 불, 물, 흙, 공기로 이루어져 있으며, 사랑과 다툼의 반복으로 인해 만물이 변한다고 생각했다. 전설에 의하면, 그는 자신이 '신'이라고 주장하며 에트나 화산의 분화구로 몸을 던졌는데, 이후 그가 신고 있던 청동 신발이 밖으로 나왔고, 사람들은 그 신발이 그가 신이 아님을 입증하는 거라며 그를 조롱했다고 한다.

길모퉁이에 숨어 있다가 자연을 놀라게 할 수 없고, 실의 끄트머리를 찾아낼 수도 없으며, 첫 번째 돌을 어디에 놓아야 하는지 구분하는 것도 불가능합니다. 새는 알을 낳기 위해 서두르고, 알은 새가 되기 위해 서두릅니다.

우리가 세상의 질서에서 경탄해 마지않는 완전성은 무한한 분배의 결과입니다. 그 분배의 원활함은 거침없이 쏟아져 내리는 거대한 폭포의 물과 같은 원활함입니다. 그 분배의 영속성은 끊임없는 시작입니다. 자연의 모든 사실이 하나의 근원이며, 그것으로부터 비롯된 것 역시 또 하나의 근원이 됩니다. 모든 근원이 새로운 근원을 낳는 것이지요. 설령 움직이지 않고 정지해 있는 것이 존재하더라도, 그것은 부딪혀 오는 급류에 의해 부서지고 흩어져 버릴 것입니다. 그리고 그것이 정신이라면 미치게 될 것입니다. 정신이 나간 사람들은 하나의 사고에만 집착해서 자연의 순리에 따라 흘러가지 않는 사람들입니다.

자연은 원인이 아니라 영원히 새로운 결과이기에, 항상 위에서 아래로 내려옵니다. 그것이 한 번도 깨진 적이 없는 규칙입니다. 이 순수한 목적들의 아름다움은 근원적이며, 영원히 변치 않는 샘에서 나와 그 사물들에 유입된 것이지요. 모든 동물과 식물의 형태에 담긴 사실들을 화학이나 역학力學으로는 절대 설명할 수 없습니다. 그리고 어떤 신비로운 생명의 원리가 존재하고, 그것이 유기체有機體 안에 깃들여 있을 뿐만 아니라 그 유기체를 만들어 내기도 한다고 가정할 수밖에 없습니다. 이는 생물학자들도 인정하는 바입니다.

너무도 조용하고, 가늠할 수 없을 만큼 광범위하고, 모든 것을 포용할 만큼 여유가 있으면서도 원자原子 하나 더 끼어 넣을 자리가 없이 우아한 연속성 안에서, 공평한 충만 속에서, 균형 잡힌 아름다움 속에서 시간의 춤은 영원히 계속됩니다. 향香 냄새처럼, 음악의 선율처럼, 잠처럼, 시간의 춤은 부정형不定形이며 경계가 없습니다. 그것은 분석되지도, 설명되지도, 보이지도 않을 것입니다. 자연은 우리에게 이렇게 말합니다.

"가짜 철학자는 꺼져라! 그대는 자연에서 원인을 찾으려 하는가? 이것이 저것의 원인이 되고, 저것은 그 다음 것의 근거가 되고, 그 다음 것은 또 그 다음 것을 말해 준다. 모든 것이 연관되어 있는 것이다. 그대는 마음가짐을 달리하고서 물어야 한다. 그대는 자연을 느끼고 사랑해야 한다. 그것을 존재하게 하는 것만큼 거대한 영혼 안에서 자연을 바라보아야 한다. 그 전에는 그 법칙을 알 수 없을 것이다. 누구든 그것을 알 수는 없지만, 사랑하고 즐겁게 누릴 것이니."

전체全體의 어디에나 동시에 존재하는 생명, 어느 것 하나도 절대 치우치거나 편애하지 않고 수없이 많은 결과들에 공평하게 작용하며, 그러면서도 모두의 성공을 위해 각자 끊임없이 쇠퇴의 길을 걷는 그 생명은 인간의 이해력이 작용할 여지를 허락하지 않습니다. 자연은 특정한 목적이 아니라 보편적인 목적에 맞게, 즉 하나의 목적이 아니라 모든 목적들의 집합에 맞게 존재하는 것으로 이해될 수밖에 없습니다. 목표의 방향이 유한한 길이의 직선으로 표시될 수 있듯이, 자연은 엑스터시ecstasy의 작용으로서 하나의 원圓 운동으로 표현될 수 있습니다. 각각의 결과가 다른 모든 결과들에 두루 힘을 더합니다.

모두의 동의하에 세워진 왕국에는 반란이 없습니다. 개인의 분리도 없습니다. 잎사귀 하나하나가 세상의 상징으로 표현되는 가톨릭 기호도 그런 의미를 담고 있습니다. 시심詩心에서 풍경을 바라볼 때, 우리는 개별적인 것들을 구분하지 않습니다. 자연은 야자나무인지 참나무인지 구분하지 않습니다. 숲에서 싹을 틔워 풀과 덩굴의 화환으로 지구를 장식하는 식물만을 인식할 뿐입니다.

그 어떤 목적도 하나만 선택될 수는 없으며, 그것을 전제로 자연을 판단해야 되는 이유가 여기에 있습니다. 만약 인간이 스스로를 자연의 유일한 목적이라 여긴다면, 그리고 세상의 궁극적인 존재 이유가 성스럽고 현명하며 아름다운 인간들을 만드는 것이라 가정한다면, 우리는 그것이 성공하지 못했음을 깨닫게 됩니다.

천문학 관련 논문과 프랑스의 『궁정 회고록Memoires pour servir』[1] 같은 책을 자연사와 문명사의 관점에서 번갈아 읽어 보세요. 친

---

1 프랑스의 군인이자 작가인 생시몽(Saint-Simon, 1675~1755)이 루이 14세 치하 프랑스 궁정의 모습을 기록한 책.

절한 자연은 녹석綠石이 산호珊瑚가 되는 것만큼이나 신속하게 자신의 광활한 공유지, 즉 영혼들을 흔쾌히 받아들이는 태양과 행성들 속으로 새로운 창공을 들여보냅니다. 우리는 자연의 그 과분한 환대를 놀라움 속에서 가늠해 봅니다.

그런 다음, 시야를 좁혀서 루이 14세의 궁정을 들여다봅니다. 그곳에서는 공작과 왕실 고관들, 성직자들과 귀부인들이 모여 도박을 즐기고 있습니다. 노름 탁자에서 각자 상대방을 속이려고 하며, 그 목적은 항상 가발과 별 모양 보석으로 화려하게 치장한 근엄한 왕과 함께 어떤 속임수나 술책을 써서 상대를 속이고 파산시키는 것입니다. 우리가 이렇게 두 가지 모습을 번갈아 본다면, 이 행성이 과연 그토록 고귀한 천체의 좋은 표본인지, 만약 그렇다면 그 실험이 실패하지는 않았는지, 더 많은 실험을 하며 너무도 형편없는 글로 그 순수한 공간을 가득 채울 만한 가치가 있는지, 누구나 묻지 않을 수 없을 것입니다.

어리석은 국가들을 바라보는 대신, 위대하고 현명한 사람들, 저명한 인물들을 골라서 그들의 이력을 면밀하게 들여다본다 해도, 우리가 별로 다르게 느끼지는 않을 거라고 저는 생각합니다. 때 묻고 부족한 그 사람이 끝내 목표를 이룬 것은 막대한 양의 자원과 수단들을 총동원한 결과입니다. 그러나 그 사람들 자체를 볼 때, 그리고 그가 이룬 성과와 그의 가능성이나 사상을 비교해볼 때, 그 어느 한 사람도 그런 자원과 수단의 지출이 정당했다고 평가되지는 않을 것입니다.

이런 종류의 의문들에 대해 자연은 이렇게 대답합니다.

"나는 성장한다."

모든 것이 태동기, 유아기에 속해 있습니다. 우리가 자연의 선線의 길이, 곡선의 굴곡을 계산하느라 끙끙대고 있는 학자의 산술算術을 보며 현기증을 느낄 때, 중대한 일이 진행되고 있으며, 모든 것이 방금 시작된 듯하고, 먼 미래의 목표들이 활발하게 성취되고 있다는 생각에 우리는 안도합니다. 우리는 그 어디에서도 최종적인 것을 손으로 가리킬 수가 없습니다.

반면에 변화의 흐름은 어디에서나 나타납니다. 행성, 태양계, 성좌星座, 자연 전체가 7월의 옥수수 밭처럼 자라고 있으며, 다른 무언가가 되고 있으며, 급속한 변화를 겪고 있습니다. 우리가 '성운星雲'이라고 부르는, 저 멀리 보이는 빛의 덩어리가 하나의 고리, 혜성, 행성, 새로운 별들의 모항성母恒星이 되려고 노력하지 않는 것처럼, 태아도 사람이 되려고 애쓰지는 않습니다. 그럼 왜 베르사유 궁전의 프랑스인들이, 머지않아 더 나은 임무를 수행할 수 있는 자신들의 능력은 손상시키지 않은 채, 잠시 동안 점잔을 빼고 걸으면서 자수刺繡와 리본을 구상하면 안 되겠습니까? 그런데 자연은 더 나아가 이렇게 대답하는 듯합니다.

"나의 성공만큼이나 지극히 중요한 투자를, 위험을 무릅쓰고 단

하나의 창조물에 모두 쏟은 적이 없다. 나는 아직 그 어떤 결말에도 도달하지 않았다. 밭을 가꾸는 사람은 품질 좋은 복숭아나 배를 생산하는 것을 목표로 삼지만, 나의 목표는 뿌리, 가지, 잎, 꽃, 씨, 나무 전체의 건강함이다. 결코 괴물처럼 큰 과피果皮 하나의 포식飽食을 위해서 다른 모든 기능들을 희생시키지는 않는다."

요컨대, 자연이 우리에게 주는 그 영향의 진정한 의미와 특성은 이렇게 정리할 수 있습니다.

자연은 어느 것 하나만을 위해서 또는 몇 가지 특정한 목적들을 위해서 존재하는 것이 아니라, 헤아릴 수 없이 많은 무한한 혜택을 위해 존재하는 것이다. 또한 자연 안에는 사적 의지도, 반항하는 잎사귀나 가지도 전혀 존재하지 않는다. 전체가 위에서 가해지는 단 하나의 지향성에 의해 통제되며, 우리가 의식을 가지고 있는 존재들 내에서 '엑스터시ecstasy'라고 부르는 생명의 과잉 또는 초과에 순응한다.

위대한 인간의 영혼, 하늘과 땅의 매개자

이런 자연의 본성 또는 섭리의 개념을 가지고 다시 인간을 고찰해 봅시다. 사실, 인간은 자신에 대해서 알고 있는 듯 스스로에게 설명하는 척합니다. 그러나 결국 마음이 어떤 영靈에 사로잡히지 않는 한 설명할 수도, 알 수도 없는 '생명의 원천'이 있다는 사실 말고는 무슨 말을 할 수 있을까요? 인간이 자기 본질에 대해서 '그런 모습으로 존재하게 되었다는 것' 말고는 그 어떤 설명을 할 수 있을까요?

우리가 다양한 형태를 취하면서도 항상 동일한 실체일 수 있는 이유는 최상의 근거, 하나님의 은총으로만 설명할 수 있지 않을까요? 미덕이 있고, 천성이 있고, 결과가 있습니다. 그렇지 않다면 아무것도 존재하지 않습니다. 하나님의 들어오심이나 나가심이 있습니다. 우리가 확신할 수 있는 것은 그것뿐이며, 그 방식도, 이유도, 우리는 설명할 수 없습니다. 자책, 참회, 그리고 절제의 교훈적인 윤리와 죄와의 투쟁은 우리의 성향에 의해서 우리가 행동의 규범으로 판단하는 사실에서 취할 수밖에 없는 제한적인 견해입니다. 그러나 사유思惟의 원칙으로 보면, 우리에게 남는 것은 찬양하고 경탄하는 것 외엔 아무것도 없습니다.

한 인간에게 있어 세상의 경계는 지성의 최종 성과로 나타납니다. 보편적 실재는 개별적 존재 안에 담기지 않는 한 우리의 관심을 끌지 않습니다. 아직 가보지 못한 가능성의 심연深淵을 누가 신경을 쓸까요? 대양은 어디에서나 똑같지만, 해안이나 선박과 함께 보이지 않는 한 특징이 없습니다. 위도와 경도의 선들로 경계 지어진 대서양의 바닷물 몇 마일이라도, 그 누가 평가하려고 할까요? 그러나 그 바닷물이 화강암 암초들에 둘러싸이거나, 현명한 사람들이 사는 해안으로 밀려오면 그것은 표현으로 가득 채워집니다. 그리고 가장 큰 관심을 받는 지점은 육지와 바다가 만나는 곳입니다. 따라서 우리는 인간 안에 있는 부정형不定形의 형태, 광대함의 응축, 이성理性의 집, 기억의 동굴을 높이 평가할 수밖에 없습니다.

인간의 사고들이 뛰어노는 모습을 보라! 인간의 사고들은 얼마나 영민하고 위대한 창조물인가! 그 어떤 도마뱀들을, 어떤 원시 포유류 동물들을 이 민첩하게 움직이는 것들과 견주겠는가? 그 옛날 위대한 판Pan[1] 신은 만물의 아름다운 다양성을 표현하기 위해 표범 가죽으로 옷을 해 입었고, 창공은 별들의 외투를 걸쳤지만, 그것은 단지 그대를 대신 표현하는 것이었을 뿐. 아, 부유하고 변화무쌍한 인간이여! 그대, 시각과 청각으로 지은 궁전이여. 아침과 밤과 가늠할 수 없는 은하를 당신의 감각 속으로 받아들이고, '하나님의 도시'의 배열을 당신의 두뇌 속으로 받아들이며, 사랑의 침실과 옳고 그름의 영역들을 당신의 가슴 속에 받아들이고 있다네.

인간 개개인은 하나의 열매이며, 앞선 시대들을 전부 바쳐야 그 열매가 달리고 성숙해집니다. 창세創世의 역사나 과거의 신화

---

1 그리스 신화 속 목축과 다산의 신.

는 모든 아이들의 경험 안에서 되풀이됩니다. 아이 역시 특정한 혼돈 속으로 내던져진 영靈이거나 신이며, 그 혼돈 속에서 아이는 늘 무질서에서 질서로 만물을 이끌기 위해 애씁니다.

개개인의 영혼이 그와 같습니다. 자신만의 특별한 언어로 세상을 번역할 수 있는 능력을 갖추고 있기 때문입니다. 그림이나 조각상, 춤으로 번역하지는 않더라도 무역, 기술, 학문, 생활양식, 대화, 인품, 영향력 등으로 세상을 번역할 수 있는 것이지요. 여러분은 그림을 보며 감탄하지만, 여러분 자신이 올바른 그림을 그리는 것은 잡초가 사과 열매를 맺는 것만큼 불가능한 일입니다. 그러나 천재성이 나타나면, 그것은 손가락들을 만들어 냅니다. 그 천재성은 유연성이며, 길거리에서 일어나는 일을 물감과 색깔들로 바꾸는 능력입니다. 라파엘로Raphael가 태어나야 하고, 살바토르Salvator[1]가 태어나야 합니다.

새로운 인간의 매력만큼 매력적인 것은 없습니다. 잠에 취한 국가들은 자신들의 정치적 타성에 매몰되어 있습니다. 영국, 프랑스, 미국은 '의회의 토론들'을 읽지만, 그 어떤 빼어난 천재도 이제는 그것들에 활력을 불어넣지 않습니다. 자기 자신의 눈을 신뢰하는 사람이라면 그 누구도 그것들을 읽지 않을 것이며, 오직 유명한 이름들의 통속적인 반복에 속아 넘어 간 사람들만이 그것들을 읽겠지요. 그러나 나폴레옹이 지도를 펼칠 때, 그의 눈

---

1 살바토르 로사(Salvator Rosa, 1615~1673). 이탈리아의 화가, 시인, 음악가. 전쟁, 종교, 역사를 주제로 한 그림을 많이 그렸다.

은 태생적 힘의 통제를 받습니다. 채텀 백작이 토론을 주도하면, 사람들은 당연히 귀를 기울일 것입니다. 왜냐하면 경청할 수밖에 없기 때문입니다. 한 인간의 존재, 한 인간의 영향력은 단 하나뿐인 위대한 현상입니다. 반드시 이루어야 할 일이 있을 때, 자연은 그 일을 실행할 천재를 창조해냅니다. 그 위대한 인물을 따르세요. 그러면 여러분은 이 시대에 세상이 무엇을 목표로 하는지 알게 될 것입니다. 그것만한 예지叡智는 없습니다.

그런데 훌륭한 천재성에서 우리가 받는 영향력은 모든 이들이 당연한 권리로서 공유하는 것입니다. 인간은 자신을 꼭 필요한 매개자로 인식해야 합니다. 나누어져 서로를 갈망하는 자연의 두 부분들 사이를 연결해 줄 것이 필요했습니다. 그래서 그 틈이 크게 벌어져 있는 결핍 위로 인간이 던져져서 둘을 잇는 다리와 같은 존재가 되었습니다. 그렇지 않았다면 결코 부부가 될 수 없었을 두 개의 실존들 사이에서 매개자가 된 것입니다. 인간의 부모는 각자 부족한 부분을 하나씩 가지고 있었는데, 인간 안에서 이질적 성향들이 결합함으로써, 인류를 모두 모아도 실행하기에 충분하지 못했을 것을 한 인간이 즐겁게, 그리고 우아하게 실행할 수 있게 된 것입니다.

매개자가 된 인간은 자신의 구성 요소들을 잘 알고 있으며, 자신의 일에 전념합니다. 그래서 읽거나 생각하거나 바라볼 수 없더라도, 이제껏 단절되어 있었던 가닥들을 연결해서 하나의 완전한 밧줄을 만들어 냅니다. 그가 즐겁게 말로 표현하는 생각들은 그의 안에 영혼이 깃들어 있음을 보여주는 근거입니다. 그런 그가 자신을 하찮고 불필요한 존재라고 생각하거나, 또는 출세할 기회를 엿보며 길가를 서성댈까요? 그가 아니면 그 누구도 존재하지 않고, 행하지 않는 어떤 일이 이루어져야만 하므로 그가 존재하게 된 것이 아닐까요? 그가 보기만 한다면, 세상은 충분히 보일 것입니다. 그는 어디에 서야 할지, 어디에 사물들을 놓아야 빛을 잘 받을지 궁리할 필요가 없습니다. 빛은 그의 안에 있고, 그에게서 나온 빛으로 만물이 그 중심까지 밝아집니다. 그런 그가 어떤 후원자에게 취업과 보상을 부탁하겠습니까?

인간은 이 땅에 태어나 자기 마음속의 생각을 우주에서 우주로 전하고, 자연이 먼저 행할 수 없었던, 그리고 그가 실행을 면제받지 못한 책무를 다하고서, 그런 다음 그가 인간의 모습으로 생성되어 나왔던 근원인 신성한 침묵과 영원 속으로 다시 사라지는 것입니다. 하나님은 부족함이 없으셔서 한 사람보다 훨씬 더 많은 사람들을 가슴에 품으시고, 그들의 시간과 요구와 모든 것의 아름다움을 받아들이십니다. 모든 인간이 가지고 있는 천재성이나 능력을 설명할 수 있는 근거가 바로 이것이 아닌가요?

그런데 왜 그대는 보즈웰Boswell[1] 같이, 또는 순종적인 숭배자처럼 이 성자聖者, 저 성자를 찾아다니는가? 그것은 둘도 없는 불경

---

1 제임스 보즈웰(James Boswell, 1740~1795). 영국의 전기 작가. 자신이 많은 영향을 받은 신학자이자 친구의 전기인 『새뮤얼 존스의 생애(The Life of Samuel Jones)』를 쓴 것으로 유명하다.

죄不敬罪라. 우주가 너무도 오랫동안 산고產苦를 겪었기에 그대가 이곳에 존재하는 것이다. 거역할 수 없는 운명이 그의 찢겨져 있는 조각들을 연결해 갈라진 틈을 메우고 양립할 수 없는 것들을 조화롭게 만들기 위해 그대를 낳은 것이다. 그런데도 그대는 감히 자신을 보잘 것 없는 존재라 생각하려는가?

인간을 존재하게 하는 것은 너무도 절실한 필요이기 때문에, 인간의 강건함과 온전함은 그 필요에 대한 충실성 안에 존재합니다. 그리고 그 신의信義를 바탕으로 인간은 광범위하고 보편적인 것으로부터 그의 천재성이 작용할 수 있는 지점으로 영향력을 보냅니다. 결과들은 찰나의 현상들입니다. 결과들은 소모되면서 증가하는 내적 생명의 물줄기가 빠져나가는 배출구입니다. 인간의 현명함은 모든 결과들이 순간적이며, 최상의 결과가 그보다 더 나은 것에 의해서 대체되어야 한다는 사실을 압니다.

그런데 인간에게는 자신의 생각을 삶으로부터 결과들로 옮기고서, 중개자로서의 역할을 그만두고 자기 활동에 안주하려는 좋지 않은 성향이 있습니다. 도구가 일꾼의 손에서 달아나듯이 인간은 신성함에서 멀어집니다. 항상 뒤에서 말하는 목소리를 들으면서도 고개를 돌려 화자를 바라보지 못하는 것이 인간이라고 저는 생각합니다. 그 목소리를 들은 수많은 사람들 중에 그의 얼굴을 본 사람은 아무도 없었습니다. 서로의 뒤에서 달리며 앞에 있는 친구의 두 귀를 잡고서 계속 자기 앞에서 달리게 만드는 아이들 놀이처럼, 우리의 보이지 않는 안내자인 그 영혼도 그렇게 뒤에 있습니다. 그 익숙한 목소리는 모든 언어로 이야기하며 모든 인간들을 다스리지만, 그 목소리의 주인공을 잠깐이라도 본 사람은 없습니다.

인간이 어김없이 그 목소리에 복종하려면, 그 목소리가 인간을 자식으로 받아들여야 합니다. 그래야 인간이 더 이상 자기 생각 속에서 그 존재와 자신을 분리하지 않을 것이며, 그 존재와 닮아 갈 것이고, 결국 그 존재와 하나가 될 수 있습니다. 끊임없이 갈구하는 귀로 경청한다면, 그 사람은 보다 더 귀중하고, 보다 더 큰 지혜를 배우게 될 것이며, 그 소리는 점점 커져서 매혹적인 음악이 될 것입니다. 범람하는 물에 휩쓸리듯 자신을 내맡기게 될 것이며, 자신을 위한 음식과 집에 대해서는 무관심하게 될 것입니다. 또한 새로운 생각들을 탐닉하면서 천국과도 같은 삶을 영위하게 될 것입니다. 그러나 그의 시선이 끊임없이 배워야 하는 진리가 아니라 당장 처리해야 할 일들에 고정되어 있다면, 그리고 그 일들을 실행하는 것만을 목표로 삼는다면, 그 목소리는 점점 희미해져서 결국에는 그의 귀에 윙윙거리는 소리만 들리게 될 것입니다.

인간의 강건함과 위대함은 하늘이 땅으로 흐르도록 통로가 되는 그의 역할에서 비롯됩니다. 엑스터시 상태가 그의 안에서 일어날 만큼 충만해야 강건하고 위대해질 수 있습니다. 예술가가 되고 싶은 마음을 억제함으로써, 우리가 흘러넘치는 그 신성한 물로 가득 채워지고, 전지全知와 편재遍在의 순환에 의해 풍성해지는 그릇이 될 수 있음에도 예술가가 되는 것은 참으로 애석한 일입니다.

하늘의 역사에서 인류가 개개인으로 구분되지 않고 오로지 영향을 받는 존재로만 여겨졌던 순간들이 없었나요? 하나님께서 어디에나 존재하시며 신속하게 다양한 형태의 은총을 베푸셨던 순간들이 없었나요? 받는 것도 숭고하며, 사랑하는 것도 숭고합니다. 그러나 '우리'로부터 다른 것에 영향을 주고자 하는 열망, 사랑을 받고 싶어 하는 욕망, 개인으로 인정을 받고자 하는 소망은 한계가 있으며, 차원이 낮은 동기에서 비롯됩니다. 따라서 저는 이렇게 말할 것입니다.

"우리가 영혼의 자연적 역사를 추적할 수 있는 한, 그 영혼의 강건함은 신앙심이나 숭배로 부르는 수용의 완전성에서 비롯되었고, 그 수용 안에 열정이 갖추어져 있다는 사실에서 비롯되었다."

그 어떤 예술 작품에서든 그 작품 자체가 추구하고 실현하는 것으로 여겨지는 그 부분, 그 예술가가 재현할 수 없는 것, 마치 격렬한 논쟁에서 사람들이 외치는 웅변처럼 그 시간과 계기로부터 자연히 생겨나는 것 등을 제외하면, 무엇이 가장 좋다고 할 수 있을까요?

시인의 언어는 절대적이며 궁극적인 권위를 가지고 있다는 것이 이제까지 문학의 원칙이었습니다. 시인은 신성한 지혜를 전달하는 입이 되어야 마땅하다고 여겨졌습니다. 우리는 시인의 재능보다는 그가 처한 상황을 더 부러워했습니다. 우리도 그 자리에 서서 기꺼이 예언할 수 있었을 것입니다. 그래서 우리는 우리의 경전들을 인용하고, 고대 그리스인들도 호메로스Homer, 테오그니스Theognis[1], 핀다로스Pindaros[2] 등을 인용했던 것이지요. 현대의 문학 비평에서 그 원칙이 사라졌다면, 그것은 지금껏 우리에게 시인들이 없었기 때문입니다. 시인들이 나타나기만 한다면, 언제든 그들은 자신들의 명예를 회복할 것입니다.

엑스터시의 상태는 부분들이 아니라 전체를, 결과들이 아니라 원인을, 행동이 아니라 성향을 더 중시하는 듯합니다. 그것은 재주가 아니라 천재성을, 소유가 아니라 소망을, 역사 그 자체가 아니라 지성에 의한 모든 것들의 예측을, 예술 작품들이 아니라 예술을, 실험이 아니라 시詩를, 직무가 아니라 미덕을 존중합니다.

자연을 대하는 태도

인간의 직무와 기능은 예외 없이 모두 이 신성한 섭리에 의해서 정당하게 실행됩니다. 또한 그 섭리의 보편적 관계들에서 분

---

1 기원전 6~5세기에 활동한 그리스의 시인. 비가(悲歌)체의 연애시, 귀족 사회의 예의범절에 관한 시를 썼다.
2 고대 그리스의 서정시인. 왕후와 귀족들을 위한 찬미의 시를 지었다. 이후 민주주의 물결로 왕후와 귀족이 몰락하자 상실되었던 세계의 고귀한 혼의 부활을 절규(絶叫)하는 불후의 명시를 많이 남겼다.

리될 경우, 인간에게 해롭지 않은 것은 아무것도 없습니다. 자연, 또는 세상의 법칙들을 공부하는 것이 이 세상에서 인간이 해야 할 일일까요? 인간은 스스로에게 어떤 목적을 부여하는 것을 주의해야 합니다. '자연이 쓸모가 있을까?' 이런 질문은, 태양을 바라보면서 생선 가격만을 기억할 수 있는 사람처럼, 자연의 가치를 절하하는 것입니다. '아니면 쾌락을 위한 것일까?' 자연에서 쾌락을 추구하면 인간은 바보가 됩니다. 숲과 산에는 게으른 자들을 유혹해서 궁핍과 비참함으로 이끄는, 얼을 빼놓는 어떤 분위기가 있습니다.

만물의 본성 안에는 서로 섞이려고 하고, 개입하려고 하는 어떤 성질이 있습니다. 만물은 제각각 다른 창조물들의 본성을 뚫고 들어가 압도하고자 하며, 모든 방면에서 그리고 공간과 영혼을 통틀어서 자기 혼자만 번성하고 소유하고자 합니다. 하늘의 별들도 하나같이 불만에 차 있고 탐욕스럽습니다. 인력引力과 화학 반응도 별들을 만족시킬 수 없습니다.

별들은 언제나 자기들을 바라보는 것들의 시선을 갈구하며 유혹합니다. 별들은 세상에 태어난 모든 사람을 매혹시키고 소유해서 그들의 마음속으로 들어가려고 노력합니다. 왜냐하면 별들은 자신들이 점유하고 있는 세상보다 더 멋진 세상 속에서 스스로를 다시 새롭게 펼쳐 보이고자 열망하기 때문입니다. 인력이 작용하는 창공 안에서 목성, 화성, 오리온, 북극성으로 존재하는 것으로는 충분하지 않습니다. 뉴턴Newton, 허셜Herschel, 라플라스

Laplace[1] 같은 시인들을 갖게 된다면, 그 별들은 이성적 영혼들이 사는 더 훌륭한 세상에서 다시 존재하고 다시 등장할 것이며, 그 영역을 자신들의 명성으로 가득 채울 것입니다.

하찮은 사물들도 모두 마찬가지입니다. 이 아름다운 바실리스크basilisk[2]들은 강렬하고 찬란한 그들의 눈을 모든 아이들의 눈에 고정시킵니다. 그리고 할 수만 있다면, 그 아이들의 호기심 어린 눈을 통해 자신들의 본성을 아이들에게 전파하려고 하며, 그러면 모든 것들이 뒤섞이게 됩니다.

따라서 인간은 이 마법의 술잔을 경계해야 하고, 초자연적인 눈으로 자연을 바라보아야 합니다. 인간은 오직 독실한 믿음에 의해서만, 자연의 근원을 온전히 이해해야만 안전해지고 자연을 통제하게 됩니다. 또한 모든 지식은 지식의 대상에 대한 동화同化이기 때문에, 자연의 힘이나 천재성이 엑스터시 상태일 때는 자연의 학문이나 자연의 설명 역시 엑스터시 상태가 되어야 합니다. 시인은 랩소디스트rhapsodist[3]가 되어야 합니다. 시인의 영감은 생기 넘치는 즉흥성 같은 것이어야 하며, 그 안에 담긴 그의 의지는 오로지 '우주의 힘'에 대한 항복의 의지여야 합니다. 그

---

1 피에르 시몽 라플라스(Pierre Simon Laplace, 1749~1827). 프랑스의 수학자, 과학자. 뉴턴의 중력 이론을 태양계에 적용해 행성의 운동성과 궤도를 수학적으로 계산해냈다.
2 유럽의 신화와 전설에 등장하는 '뱀의 왕'으로, 노란 눈을 바라보기만 해도 죽게 된다는 괴물로 묘사된다.
3 자신이 노래할 내용을 완전히 기억하고 있어서 언제 어디서나 시를 읊을 수 있는 음유 시인, 서사시 낭송자를 뜻한다. 기원전 6세기 이후 그리스에서 호메로스의 시를 주로 낭송한 시인을 의미하는 '랍소이도스(rhapsoidos)'에서 유래한 말이다.

우주의 힘은 대면해서 볼 수 있는 것이 아니라, 받아들여지고 공감을 통해 이해되어야 합니다.

놀랍게도 아주 먼 옛날에 기록된 전설과도 같은 조로아스터교 경전에 이 사실에 관한 언급이 남아 있는데, 진리를 사랑하고 추구하는 사람들이라면 누구나 고개를 끄덕일 것입니다. 조로아스터는 이렇게 말했습니다.

"지성에 의해서만 알 수 있는 것들을 열정으로 이해하는 것은 적절치 않다. 정신을 집중하면 그것을 이해하게 될 것이다. 너무 진지할 필요는 없지만, 순수하고 탐구적인 시각은 필요하다. 어떤 특정한 사물을 이해하려고 할 때처럼 해서는 그것을 이해하지 못할 것이다. 마음의 정화精華로만 가능하다. 육체의 감각으로 사물을 이해하는, 생명이 유한한 인간들은 신성한 것들을 성취할 수 없다. 오직 가볍게 무장한 자들만이 산 정상에 도달하는 법이다."

또한 엑스터시가 자연의 법칙이자 근원이기 때문에 여러분은 자연을 너무 높고 깊은 의미로 해석해서는 안 됩니다. 자연은 가장 현명한 사람의 가장 좋은 생각을 대변합니다. 노을 진 풍경이 여러분에게는 '우정友情'의 궁전으로 느껴지나요? 자줏빛 하늘과 아름다운 물빛, 그 원형극장이 오로지 생각의 교환과 가장 순수한 영혼들의 사랑을 위해서 옷을 입고 치장을 한 듯 느껴지나요?

바로 그것입니다. 천박한 사람들이 그것에 부여한 다른 의미들은 모두 억측이며 거짓입니다. 헤라클레이토스Heraclitus는 똑같은 강물에서 목욕을 두 번 할 수는 없다고 말했는데, 저는 거기에 덧붙여 똑같은 사물을 두 번 볼 수는 없다고 말하겠습니다. 사물은 스스로 확대되면서 새롭게 변모하기 때문입니다.

미덕의 법칙과 천재성의 발휘

똑같은 법칙이 미덕에도 적용되지 않을까요? 미덕은 과도한 의지에 의해서 손상됩니다. 진보를 목표로 삼은 사람이라면, 어떤 특정한 이익이 아니라 무한한 이익을 추구해야 합니다. 지금 그 명성이 이 나라를 가득 채우고 있는 금주禁酒 운동, 노예제 폐지, 무저항無抵抗주의, 무정부無政府주의, 노동 평등 같은 개혁 사상들은 처음 등장할 때는 정당하고 관대하지만, 그 자체가 하나의 최종 목적으로서 실행될 때는 초라하고 고통스러운 것이 되어 버립니다.

모든 개혁에는 그것이 가지고 있는 에너지에 비례해서 이른 시기에 혐오감이 발생하기 쉽습니다. 그래서 그 개혁의 신봉자는 처음으로 승리를 쟁취하는 바로 그 시간에 대해 놀라워하면서도 불쾌감과 역겨움, 불신감을 갖게 됩니다. 그러면 그 사람은 자기 동료들을 피하고, 최근까지도 무척 정당하다 느껴졌던 그 활동을 혐오하게 되며, 대단한 자부심과 희망을 가지고서 바로 얼마 전에 내버렸던 그 사회와 삶의 방식의 품 안으로 자신을 내던질까 고민하게 됩니다. 어떤 특정한 욕망은 충족시키면서도 또 다른 욕구는 배제하는 것처럼, 어떤 구체적인 실천에 미덕의 가치를 부여하고서 그 이후에 그렇게 절제했음에도 무절제한 탐닉에 빠져 있을 때와 마찬가지로 여전히 자신이 도덕적이지 못하고 행복과도 거리가 멀다고 느꼈기 때문에 그런 것일까요?

영혼을 만족시킬 수 있는 것은 행위가 아니라 성향입니다. 희망을 품고 있을 때 영혼은 자신의 두 날개를 느끼게 됩니다. 여러분은 화폐의 폐기나 상거래의 회피가 아니라 공정함을 사랑할 것입니다. 수도승의 식사가 아니라 방해 받지 않는 정신을 사랑할 것입니다. 괭이질이나 오크통 만들기가 아니라 공감과 유용성을 사랑할 것입니다. 여러분의 계획이 얼마나 대단한지 제게 말하지 마세요. 세계의 시민권 운동이든, 전 세계의 기독교 개종이든, 공교육의 확립이든, 위생적인 식생활이든, 노동과 토지의 재분배든, 사랑의 원칙으로 소유의 원칙을 대체하는 것이든, 그것이 무엇이든 제게 말하지 마세요. 제가 여러분에게 분명히 말씀드릴 수 있는 것은 여러분의 실행 능력이 목표로 하는 결과는 그것이 대단히 신성하고 원대할지라도 그 자체만을 추구한다면, 전부 썩어서 악취를 풍기게 될 것이라는 점입니다.

영혼의 상상력은 무한히 크고 영원히 지속되는 목표들을 먹어야 성장합니다. 여러분이 추구하는 목표는 육체의 감각으로는 이해할 수 없는 것이어야 합니다. 그래야 그 목표가 언제나 여러분의 곁에 다가와 있는, 만질 수는 없지만 항상 여러분에게 강건함을 주는 하나의 신神이 될 것입니다. 목표가 행동을 아름답게 장식할 때, 인간은 기도와 사랑으로 자신을 아름답게 장식하게 됩니다. 선善이 없다면 무엇이 강한가요? 그리고 용기 있는 자의 존재가 미치는 힘보다 더 강한 것이 무엇이겠습니까? 식물의 생리에 작용하는 '존재'의 원칙, 또는 염기성물질이나 살아 있는 식물의 영향력 같은 화학적 영향력을 비롯해 모든 물질의 총체적인 영향력은 인간의 속성에 더 가깝습니다.

저는 여러분이 있는 곳으로 갈 필요가 없으므로, 여러분은 저의 마음을 이끌어야겠다고 제게 말할 필요가 없습니다. 그저 강건하고 능력이 충만한 사람이 되세요. 그러면 저는 제 인생과 운명의 모든 부분에서 여러분을 느낄 것이며, 지구의 중력을 피하지 못하듯이 여러분의 영향력에서 벗어나지 못할 것입니다. 그런데 자연과 도덕적 양심 외에도 이런 완전하며 절대적인 영향력을 가지고 있는 또 다른 기준들이 있습니다. 인도의 브라만 승려들은 이렇게 말합니다.

"독이 있는 나무인 세상에서 두 종류의 열매가 나오는데, 하나는 생명의 물처럼 달콤한 '사랑', 즉 아름다운 영혼들의 교우交友이며, 또 하나는 그 맛이 비슈누Vishnu[1] 신의 영생의 즙과 같은 시詩

---

1 힌두교에서 세상의 평화와 도덕을 지키는 신. 창조의 신인 브라흐마, 파괴와 재건의 신인 시바와 더불어 힌두교 3대 신의 하나이다.

이다."

여기서 말하는 '사랑'이 뭘까요? 그것이 왜 최고의 선善일까요? 단지 압도적인 열정이기 때문일까요? 절제되거나 신중하지 않다면 그것은 모두 헛된 것입니다. 그런 사랑은 훌륭하다 여길 만큼 현명한 것도 아니며, 다른 가치들보다 더 나은 것도 아닙니다. 그러므로 그런 사랑에 대해 다른 모든 것들이 단지 부수적이며 보상적 가치만을 가지고 있는 것은 아닙니다. 왜냐하면 개인은 더 이상 스스로의 어리석은 주인이 아니라, 향기롭고 신성한 공기를 호흡하고 있으며, 목적에 대한 경외심에 휩싸여 있기 때문입니다. 또한 그러는 동안 진실 되고 유일한 미덕과 그 목적을 조화시키고 있으며, 지대한 관심을 가지고서 자연 속의 모든 전조前兆들을 탐구하기 때문입니다.

솔직히 말해서, 사랑에 빠지지 않은 사람이 유일하게 불행한 사람이 아닐까요? 그런 사람의 상상 속 자유와 자기 통제가 죽음과 다를 바가 있을까요? 사랑에 빠진 사람은 현명하며 점점 더 현명해집니다. 사랑받는 대상을 바라볼 때마다 새롭게 보입니다. 사랑의 대상이 소유하고 있는 그 미덕들을 그의 눈과 마음으로 끌어내어 취하기 때문입니다. 그러므로 그 대상 자체가 생명력 넘치고 성장하는 영혼이 아니라면, 사랑에 빠진 사람은 금세 그 사랑을 소진하게 됩니다. 그러나 그 사랑은 그의 마음속에 여전히 남아 있으며, 그로 인해 그는 지혜를 얻게 됩니다. 그리고 그 지혜는 새롭고 더 차원 높은 사랑의 대상을 갈구합니다. 모든 인간들이 사랑을 영예롭게 여기는 이유는, 사랑은 내려다보는 것이 아니라 올려다보는 것이기 때문이며, 절망하는 것이 아니라 열망하는 것이기 때문입니다.

그리고 천재성은 무엇일까요? 더 훌륭한 사랑, 개인을 초월한 사랑, 만물의 정수精髓와 완벽성에 대한 사랑, 새로운 그림 또는 같은 그림을 그리고자 하는 욕망이 아닐까요? 천재성은 근원과 생명을 바라봅니다. 재능이 밖에서부터 안으로 들어오는 반면, 천재성은 안에서부터 밖으로 나갑니다. 재능은 사회 안에서 모범과 방법과 목적을 찾고, 보여주기 위해서 존재하며, 실행 능력을 얻기 위해서만 영혼을 좇습니다.

천재성은 그 자체가 목적입니다. 우리가 말을 듣는 사람들의 귀의 특성과 떨어져 있는 거리에 따라서 자기 목소리의 크기와 표현을 바꾸듯이, 천재성은 오직 청중과 관중을 위해서만 밖으로 나가면서 자기 건축의 방법과 스타일을 내부에서 끌어내 옵니다. 모든 문학을 섭렵하더라도 결코 그 천재성의 사고나 표현들 중 어느 하나라도 예견할 수는 없겠지만, 그래도 그 사고나 표현 하나하나는 일상의 언어처럼 자연스럽고 친숙해집니다. 너무나도 오래되고, 결코 말로는 표현할 수 없는 고대의 수수께끼가 영원히 우리를 칭칭 감고 있습니다.

보라! 태양이 있고, 비가 있고, 바위들이 있다. 그 오래된 태양,

그 오래된 돌들. 이 모든 것을 꼭 맞게 묘사하는 것이 얼마나 쉬웠던가. 그러나 지금은 말 한 마디 전달할 수가 없나니. 자연은 말이 없는 존재. 그리고 자연의 말솜씨 좋은 형제인 인간도, 아! 인간도 말 못하는 존재로다.

그러나 천재성이 도래하면, 그 말은 흐르는 강과 같습니다. 자연 안에 존재하기 위한 수고로움이 없듯이, 천재성이 설명하는 데에도 수고로움이 전혀 없습니다. 사고가 최상의 상태일 때, 천재성도 최대로 발휘됩니다. 천재성은 향수처럼 지혜를 뿜어냅니다. 그리고 그 천재성이 그 이전의 침묵보다도 훨씬 더 깊은 원천에서 흘러나온다는 사실도 우리에게 알려 줍니다. 또한 천재성은 그 자체로 그것이 묘사하는 대상의 변형이기 때문에, 너무도 속속들이 알고 있으며, 너무도 아름다운 선율로 말한다는 사실도 우리는 깨닫게 됩니다. 천문학이 물질의 덩어리들 안에 담긴 사고이며 조화인 것처럼, 천재성은 음악으로 표현된 태양이며 달이며 파도이며 불입니다.

영혼의 신성한 사명과 믿음의 부활

역사가 무엇인가요? 새로운 생각들의 결과물, 그분의 무궁한 열망이 인간에게 불어넣은 측량할 수 없는 에너지의 기록이 아닐까요? 위대하고 영원한 무언가가 행해졌나요? 누가 그 일을 실행했나요? 분명 어떤 특정한 사람이 아니라 모든 사람들입니다. 그것은 새로운 사고의 파급과 범람이었습니다.

무엇이 청교도들을 이곳으로 데려왔나요? 혹자는 시민으로서의 자유라 말합니다. 어떤 이는 교회를 세우고자 하는 열망이라 하고, 또 어떤 이는 플랜테이션과 무역이 원동력이었다고 말합니다. 그러나 그 청교도들이 무덤에서 다시 살아 나온다 하더라도 그 질문에 답을 할 수는 없을 것입니다. 답은 그들이 의도했던 바가 아니라, 그들의 당시 모습에서 찾아야 합니다. 인류의 성장과 팽창에서 비롯된 것이며, 그 점에서는 이후에 일어난 우리의 독립혁명과 닮아 있습니다. 우리의 독립혁명도 콩코드 Concord나 렉싱턴Lexington이나 버지니아Virginia에서 시작된 것이 아니라, 그 시대의 명철하면서도 적극적이었던 모든 정신 안에서 자연권自然權 의식이 흘러넘쳤기 때문에 시작되었습니다.

어떤 사람이 자화자찬을 하고, 아는 척하며 스스로의 주인인 냥 행세한다면 어떨까요? 우리는 어떤 기대도 하지 않고서 그에게서 등을 돌립니다. 그러나 쓰임을 기뻐하는 인간을 도구로 활용하는 그 광대하고 신성한 존재 앞에서 그가 경외심과 두려움으로 가득 차게 만든다면, 우리는 사슬처럼 연이어 일어나는 일들에서 눈을 떼지 못할 것입니다.

우리는 그 오래된 종교에 얼마나 많은 빚을 졌는지요! 그 종교는 우리들 대부분의 유년 시절에 마치 뉴잉글랜드 시골의 안식일 아침처럼 궁핍과 극기와 슬픔을 가르치며 존재해 있었습니다. 인간은 자신의 번영을 위해서가 아니라, 다른 사람들의 이익을 위해, 고통을 참기 위해 태어났습니다. 우리 마을 주변 어디에서나 인간을 위해서 피 흘리는 고귀한 설탕단풍처럼 말이지요. 칭찬을 받기 위함이 아니라, 우리의 행위를 사람들에게서 인정받기 위함이 아니라, 영혼의 신성한 사명이 우리에게 흐르고 있기 때문에 그 생각을 받아들인 것입니다.

이 얼마나 고귀한 일인가요! 우리의 시끄러운 주도州都들에서 재능과 성공이라 불리는 모든 것들은 인간의 고귀한 가치 앞에서 그 얼마나 초라한 웅얼거림으로 변해 버리는지요! 우리가 활용하는 교우 관계와 타인에게 맞춘 행동거지가 우리를 얼마나 부끄럽게 하는지요! 우리가 어울리는 사람들이 마치 도둑과 술친구에 불과한 듯이 그들에게서 벗어나 카타딘Katahdin 산의 황량한 절벽 어딘가로, 무스헤드 호수Moosehead Lake의 인적 없는 오지奧地로 스스로를 데려가 순수성의 상실을 통탄하며 그것을 다시 회복하고, 그럼으로써 보다 더 성스러운 생각을 공유하는 이 존재들과 다시 소통할 수 있는 능력을 되찾으면 안 될까요?

그럼 우리는 무엇으로 그 세대의 독실한 믿음을 대신해야 할까요? 우리는 그들의 믿음을 취할 수 없습니다. 그 믿음은 하루하루 미끄러지듯 우리에게서 멀어져 갑니다. 그러나 우리도 그들처럼 동쪽 바다에서 변함없이 떠오르는 위대한 아침을 맞으며 볕을 쬘 수 있고, 우리 스스로 그 빛의 자식이 될 수 있습니다.

"전능하며 초월적인 그 영靈을 숭배합시다!"

저는 이 말을 하려고 이 자리에 섰습니다. 오랜 세월의 미신이 지성과 신성 사이에서 초래한 그 부당한 이혼을 무효화하는 것이야말로 이 시대의 책무임을 저는 확신합니다. 지금까지는 미덕을 사랑하는 자들이 한 반에 있었고, 지혜를 사랑하는 학생들은 다른 반에 있었습니다. 마치 두 부류 모두 다른 하나가 없어도 순수한 상태로 존재할 수 있다는 듯 말입니다.

진리는 항상 신성하며, 신성은 항상 현명합니다. 이제 우리가 죄와 죄악으로 가득한 문학과 사회와 관계를 끊고서 깨달음과 실행의 삶을 살게 되기를 저는 소원합니다. 그 지성을 받아들이세요. 그러면 그 지성도 우리를 받아들일 것입니다. 그 순수한 전지全知를 겸허하게 받드는 대리인이 되세요. 그리고 사람들 앞에서 그 존재를 부정하지 마세요. 그 존재는 모든 불경한 문학과, 현재 통용되는 모든 저급한 견해들과 세상의 모든 거짓된 힘들을 눈 깜짝할 사이에 모조리 불살라 버릴 것입니다.

저는 자연으로부터 내재적 신성神性의 교훈을 얻습니다. 우리가 인간으로서 강건함과 이성의 힘을 갖기 위해서는 무관심과 사회의 모순을 타파하고, 이 실재實在에 대해 존중할 필요가 있습니다. 이 내재적 힘이 발휘되어야 인간은 온전한 정신을 가질 수 있습니다. 인간의 고귀함은 이 마르지 않는 원천적 힘의 보증을 필요로 합니다. 그 힘의 보상이 아무리 크다 하더라도, 그것들이 흘러드는 바다에 비하면 물 한 방울에 불과합니다. 여러분이 '그 비전의 수용 역시도 하나님의 뜻이다.'라고 말씀하신다면, 저는 그 신비로움을 이해하기 위해 수고하지 않고 그냥 여러분이 말씀하시는 그 힘을 인정할 것입니다. 만일 여러분이 '그토록 숭고한 선물을 받는 데에 어떻게 규칙 같은 것이 부여될 수 있습니까?'라고 묻는다면, 저는 그저 생명이 있는 한 이 영혼의 진지한 권유는 결코 들어주지 않을 수 없다고 말씀드리겠습니다. 부드럽게, 다정하게 그 영혼의 요구들은 자연의 모든 사물로부터, 인생의 모든 사실들로부터, 정신의 모든 사고들로부터 우리에게 구애를 하며 손짓하고 있습니다.

진리의 선물과 결합되어 있는 하나의 조건은 그 선물의 활용입니다. 자신이 배운 바를 실행에 옮기는 사람은 박식해질 것입니다. 에마뉴엘 스베덴보리Emanuel Swedenborg는 '이승에서 진리를 알면서도 그것을 실행하지 않는 영혼들은 죽을 때 그들의 지식을 잃게 될 것임을' 자신이 깨달았다고 주장했습니다. 또한 칼리프 알리Ali the Caliph는 "지식이 실행을 부르면 좋다. 그러나 실행으로 이어지지 않으면 지식은 사라져 버린다."라고 말했습니다. 자연 속으로 들어가는 유일한 길은 우리가 가지고 있는 최선의 통찰력을 발휘하는 것입니다. 그러면 그 즉시 우리는 더 훌륭한 시인이 될 것이며, 더 심오한 법칙을 말할 수 있을 것입니다.

여러분이 알고 있는 것을 실행하세요. 그러면 인식은 성향으로 변환됩니다. 섬들과 대륙들이 눈에 보이지 않는 적충류滴蟲類에 의해서 형성되듯이, 또는 이 숲의 잎사귀들이 빛과 전기와 휘발성 기체들을 흡수하듯이, 그리고 천년을 사는 울퉁불퉁한 참나무가 가장 휘발성이 강하고 가벼운 액체들이 뭉쳐서 고체화된 것처럼 말입니다.

이 최고의 존재가 요구하는 교리는 환희와 성취감의 외침입니다. 경탄을 자아내는 가능성의 별들을 보면서도, 광활한 서부의 그 모든 산들로 화려하게 빛나는 희망으로 가득한 미답未踏의 대륙을 보면서도 자신이 뒤늦게 자연 속으로 들어왔다거나, 과거에 이미 훌륭한 것들을 놓쳐 버렸다고 누가 감히 생각할까요? 저는 이 위대한 현실을 경탄하며 찬미합니다. 홍수와도 같은 이 현실의 빛 속으로 모든 것들이 빨려 들어가는 듯합니다. 이 모습을 보고 있는 사람이 어떻게 자신의 생각에서 그것을 빠뜨리거나, 더 열등한 주제를 탐닉할 수 있을까요?

마음속에 이 인식이 들어오면 인간은 다시 태어나는 것과 다름없습니다. 우리는 그 영혼의 생성과 성장에 대해서는 설명할 수 없지만, 그 영혼이 신성하다는 것은 알고 있습니다. 생명이 한정되어 있는 이 틀 안에 현재 담겨져 있는 경이로운 성질들이 미래에도 비슷한 틀 안에서 똑같은 활동을 하며 재조합될지는 알 수 없습니다. 또한 그 성질들이 지금 여러분이 바로 앞에서 보고 있는 이 육신의 성장 과정과 똑같은 성장 과정을 겪은 적이 있었는지도 저는 말씀드릴 수 없습니다. 그러나 이것 하나만은 분명히 알고 있습니다. 이 성질들이 지금 존재하기 시작한 것은 아니며, 저의 병으로 함께 병에 걸릴 수는 없으며, 그 어떤 무덤에도 묻힐 수가 없다는 사실입니다. 그리고 그 성질들은 우주 어디에서나 순환하고 있으며, 세상이 존재하기 이전에 그 성질들이 존재했다는 사실을 저는 알고 있습니다.

그 무엇도 그 성질들을 들어오지 못하게 막을 수도, 밖으로 나가지 못하게 막을 수도 없습니다. 그 성질들은 바다와 육지, 공간과 시간, 형태와 본질을 관통하며 우주의 자연을 이해하는 열쇠를 쥐고 있습니다. 저는 이 신념에서 용기와 희망을 얻습니다. 그 영혼은 모든 것을 알고 있습니다. 어떤 말을 전해도 그 영혼은 놀라지 않을 것입니다. 그 무엇도 그 영혼보다 더 위대할 수는 없습니다. 두려워하는 자들, 하인처럼 따르는 자들이 마음껏 그 영혼을 두려워하고 따르게 합시다.

그 영혼은 태어난 자신의 왕국 안에 있으며, 그 왕국은 공간보다 더 넓고, 시간보다 더 오래되었으며, 희망만큼 다양하며, 사랑만큼 풍요롭습니다. 그 영혼은 소심함과 두려움을 우아한 경멸의 몸짓으로 거부합니다. 대관식戴冠式 예복을 입고서 보편적 사랑을 통과해 보편적 힘으로 나아가는 그 영혼에게 소심함과 두려움은 어울리지 않기 때문입니다.

에머슨의 위대한 연설

2017년 7월 5일 초판 1쇄 발행

지은이 | 랄프 왈도 에머슨
옮긴이 | 지소철

펴낸이 | 김우연, 계명훈
편 집 | 손일수
마케팅 | 함송이
경영지원 | 이보혜
디자인 | 이혜경
인 쇄 | RHK홀딩스

펴낸곳 | for book
주 소 | 서울시 마포구 공덕동 105-219 정화빌딩 3층
출판 등록 | 2005년 8월 5일 제2-4209호
판매 문의 | 02-752-2700(에디터)

값 13,800원
ISBN 979-11-5900-037-9 (03100)